APROXIMACIÓN AL DERECHO
DE LA SEGURIDAD SOCIAL

APROXIMACIÓN AL DERECHO DE LA SEGURIDAD SOCIAL

Isabel M.ª Pérez Gázquez

COLEX 2024

© Isabel M.ª Pérez Gázquez

© Editorial Colex, S.L.
Calle Costa Rica, número 5, 3.º B (local comercial)
A Coruña, C.P. 15004
info@colex.es
www.colex.es

I.S.B.N.: 978-84-1194-808-1
Depósito legal: C 1904-2024

SUMARIO

TEMA 3
ESTRUCTURA DE LA SEGURIDAD SOCIAL: REGÍMENES

TEMA 4
ACTOS DE ENCUADRAMIENTO. RÉGIMEN GENERAL DE LA SEGURIDAD SOCIAL

TEMA 5
LA COTIZACIÓN. RÉGIMEN GENERAL DE LA SEGURIDAD SOCIAL

TEMA 6
PRESTACIÓN POR INCAPACIDAD TEMPORAL. RÉGIMEN GENERAL DE LA SEGURIDAD SOCIAL

TEMA 7
PRESTACIÓN POR INCAPACIDAD PERMANENTE. RÉGIMEN GENERAL DE LA SEGURIDAD SOCIAL

TEMA 8
PRESTACIONES RELACIONADAS CON EL NACIMIENTO Y CUIDADO DE MENOR. RÉGIMEN GENERAL DE LA SEGURIDAD SOCIAL

TEMA 9
JUBILACIÓN

TEMA 10
DESEMPLEO

TEMA 1

IDENTIDAD DE LA SEGURIDAD SOCIAL

1. Concepto, principios y evolución histórica de la seguridad social

1.1. Concepto y principios de la Seguridad Social

El segundo de los informes de BEVERIDGE, «Full Employment in a Free Society» (1944), definía a la seguridad social como «el conjunto de medidas adoptadas por el Estado para proteger a los ciudadanos contra aquellos riesgos de concreción individual que jamás dejarán de producirse, por óptima que sea la sociedad en la que estos vivan». Se trata, pues, de un sistema organizado de prestaciones, de naturaleza pública, destinado a la protección frente a determinados riesgos sociales y a dar respuesta a las situaciones de necesidad resultantes de la actualización de los mismos.

Los riesgos sociales suponen acontecimientos futuros e inciertos, cuya actualización genera un perjuicio para la persona que lo sufre y, en su caso, para su familia, causando un defecto de ingresos o un exceso de gastos. A través del conjunto sistemático de medidas (normativas y de ejecución) que supone la seguridad social, el Estado garantiza a las personas comprendidas en su campo de aplicación y a los familiares o asimilados que tuvieran a su cargo «la protección adecuada frente a las contingencias y en las situaciones legalmente previstas» (art. 2 del Real Decreto Legislativo 8/2015, de 30 de octubre, por el que se aprueba el texto refundido de la Ley General de la Seguridad Social —de ahora en adelante LGSS—).

La acción protectora de la Seguridad Social en sentido estricto está destinada a la cobertura de determinadas contingencias o situaciones de necesidad previstas legalmente, mediante prestaciones económicas destinadas a suplir o compensar la ausencia, inexistencia o insuficiencia de ingresos de los beneficiarios incluidos en su campo de aplicación por razón de la realización de una actividad profesional o de la nacionalidad o residencia en España.

La Constitución española, en su artículo 41, establece la obligación de los poderes públicos de mantener un sistema de seguridad social para todos los ciudadanos, de forma que garantice la asistencia y prestaciones sociales suficientes ante situaciones de necesidad, especialmente en caso de desempleo. Así, se configura como un régimen público que ha de garantizar a todos los ciudadanos unas prestaciones suficientes ante situaciones de necesidad.

Al margen de la Seguridad Social estricta, quedan las prestaciones complementarias, que el artículo 41 de la constitución configura como libres. Es decir, susceptibles de aseguramiento voluntario a través de fondos propios o externos, mutuas de previsión social, contratos de seguro.

El Sistema de Seguridad Social y el derecho a la Seguridad Social contemplados en la Constitución constituyen, por tanto, una garantía institucional y un derecho de configuración legal, en los que el legislador tiene un amplio margen para delimitar su alcance y su extensión, tanto objetiva como subjetiva, en función de factores como la situación demográfica o económica, entre otros, siempre que se mantenga un sistema público de Seguridad Social, reconocido como tal.

Sobre esta base, la Ley General de la Seguridad Social configurado un sistema de acción protectora en sus modalidades contributiva y no contributiva, fundamentado sobre los principios de universalidad, unidad, solidaridad e igualdad (art. 2.1).

La universalidad, desde el punto de vista subjetivo, significa la protección de todos los ciudadanos, y desde el punto de vista objetivo, como generalidad, alude a la protección de todas las situaciones de necesidad.

La unidad suele ir ligada a la financiación y gestión del sistema y su acción protectora, y también a la consideración conjunta de los riesgos y situaciones protegidas.

Este principio se ha confundido muchas veces con la exigencia de centralización en una sola entidad de todo el sistema de seguridad social. Lo que se enfatiza con este principio es que debe existir una congruencia en la gestión de las diferentes entidades que participan en la administración del sistema de seguridad social, y en los beneficios otorgados por ellas, de modo que la multiplicidad de instituciones no quiebre el principio de igualdad. De acuerdo con este principio, el sistema de seguridad social debe funcionar como un todo, con criterios congruentes y coordinados, y otorgar prestaciones o beneficios similares para los diferentes colectivos que se protegen.

La solidaridad se refiere a la financiación, como expresión de un sistema de reparto de rentas y prestaciones intergeneracional e intrageneracional. Este principio viene a ser la otra cara del principio de universalidad. Si con el principio de universalidad se extienden los derechos derivados de la seguridad social a todos los ciudadanos, con el principio de solidaridad se enuncia que todos, en la medida de sus posibilidades, deben contribuir económicamente a la financiación. En la práctica, la solidaridad se manifiesta como el sacrificio de los jóvenes respecto de los ancianos, de los sanos frente a los enfermos, de los ocupados ante quienes carecen de empleo, de quienes continuamos viviendo ante los familiares de los fallecidos, de quienes no tienen carga familiar frente a los que sí la tienen, etc.

La igualdad, por fin, alude al tratamiento homogéneo de las situaciones protegidas y del nivel de protección proporcionado. De acuerdo con este principio, se debe dar el mismo trato a todas las personas que se encuentran en la misma situación, y a la inversa, debe darse un trato distinto y adecuado a cada circunstancia a las personas que se encuentren en situaciones distintas.

Con la proclamación expresa de estos principios se subraya la vocación de protección universal de nuestra seguridad social y, especialmente, la unidad del sistema español de Seguridad Social, cuyo régimen público es único y unitario. Compete al Estado garantizar la protección a cargo de la Seguridad Social, tanto en su modalidad contributiva (financiada con las cuotas de los interesados) como no contributiva (financiada a través de impuestos). Las Comunidades Autónomas podrán establecer ayudas que complementen las prestaciones no contributivas.

1.2. Formación histórica y evolución de la Seguridad Social

En un principio las contingencias se cubrían a través del ahorro y los seguros privados voluntarios, para quien pudiera permitírselos (casi nadie, dadas las escasas posibilidades de los trabajadores y la complejidad de las necesidades aseguradas), o las instituciones de beneficencia (religiosas, laborales, estatales).

Dadas las evidentes dificultades, la Seguridad Social nace originariamente para abordar las necesidades más apremiantes de la clase obrera en las primeras épocas de la sociedad industrial de manera que se previeron los riesgos más inmediatos que pudieran afectar a la vida y a la capacidad del trabajador. Utiliza para ello técnicas procedentes del derecho de seguros, de acuerdo con el concepto de riesgo social y su aseguramiento lo que dará lugar al modelo de Seguridad Social de tipo profesional contributivo.

Las primeras técnicas de lucha contra los riesgos sociales capaces de provocar situaciones individuales de necesidad económica se deben al ahorro individual, a los seguros voluntarios y la previsión mutualista facultativa.

Ante la evidente insuficiencia de las referidas técnicas individuales, que casi nadie se podía permitir, los obreros se protegían frente a estos riesgos constituyendo fondos comunes, sostenidos con las aportaciones de sus miembros, para ayudar a quien sufriera alguna adversidad, lo que se conoció como el «mutualismo obrero».

Un paso importante en la socialización de las técnicas de previsión es el dado por los estados al establecer sistemas de asistencia pública, aunque consistan en prestaciones muy limitadas de asistencia o beneficencia: ayudas graciosas y discrecionales que se concedían a los indigentes que demostraran serlo.

Lo que conocemos como seguridad social moderna se inicia en la Alemania de Bismarck a partir del año 1881, fecha en la que se instaura el seguro social obligatorio con la sucesiva introducción de los seguros de enfermedad (1883) accidentes de trabajo (1884) y vejez (1889). Bismarck instituye, de esta forma, un sistema de seguros sociales a favor de los trabajadores industriales económicamente débiles.

Este régimen no llega a ser propiamente un sistema de seguridad social, sino más bien de previsión, o seguros sociales, que aplicaba la técnica de los seguros privados y le añadía el elemento de la obligatoriedad, configurándose como:

- Un régimen de protección laboral.
- Un régimen de seguros múltiples (invalidez, enfermedad, accidentes…).
- Un régimen contributivo, basado en las cotizaciones de patronos y obreros, sin perjuicio de las eventuales subvenciones estatales.
- Un régimen en el que las cotizaciones y prestaciones se conectan con los salarios.

Estos seguros obligatorios se fueron extendiendo a otros países europeos y poco a poco se fue ampliando el ámbito de cobertura (a otros trabajadores: agrarios, servicios…) y el cuadro de riesgos (protección de los riesgos de muerte y supervivencia, paro forzoso, etc.).

Este régimen de previsión social o de seguros sociales pasa a ser un sistema de Seguridad Social, con hitos como la promulgación de la «Social Security Act», de ROOSEVELT (1935) o el plan neozelandés de 1938, que ya se inspira en la máxima extensión del ámbito protector y, sobre todo, con la elaboración del plan de Sir WILLIAM BEVERIDGE, y su presentación al Parlamento británico de dos informes «Social Insurance and Allied Services» (1942) y «Full Employement in a Free Society» (1944).

Beveridge proponía la cobertura de las necesidades sociales a través de la redistribución de la renta, extendiendo el número de riesgos protegidos y el de personas protegidas, y simplificando y unificando la gestión del sistema (para luchar contra lo que llamó los cinco gigantes: necesidad, enfermedad, ignorancia, miseria y vagancia). Hablamos ya de una Seguridad Social General y que protegía no riesgos aislados y diferenciados, sino la propia situación de necesidad, financiado además por toda la comunidad de ciudadanos (a través de impuestos) con cuotas y prestaciones uniformes y gestión articulada sobre criterios de unidad. Un sistema de protección social que acompañaría al individuo, como expresó WINSTON CHURCHILL, «From the Cradle to the Grave».

Estos informes constituyen la base de la seguridad social en el mundo occidental, defendiendo lo que actualmente se conoce como «estado del bienestar», y que llegarían a nuestro derecho informando la ley de bases de 28 de diciembre de 1963.

Del concepto de «seguro social» se pasa al más ambicioso y sistemático de «Seguridad Social». Su objetivo ya no es solo atender los riesgos de la sociedad industrial para los que lleven a cabo una actividad profesional, sino suplir las carencias del sistema contributivo, la falta de protección por no reunir requisitos asegurativos y así conseguir el objetivo social de una cierta redistribución de la renta hacia los sectores no protegidos por el sistema (inválidos que no hayan realizado ninguna actividad profesional o no hayan trabajado nunca, ancianos o inválidos, sin derecho a pensión, viudas sin recursos económicos, etc.).

La Seguridad Social, entendida como sistema, se planteará objetivos más amplios y ambiciosos, no solo extendiendo la técnica asegurativa a otros colectivos profesionales, sino también situándose dentro de la concepción del llamado Estado del bienestar, según la cual el Estado debe aspirar a atender a sectores no regularmente insertos en el mercado de trabajo, que no han podido realizar una actividad profesional, a corregir las desigualdades y redistribuir la renta. La razón de la protección ya no estará relacionada con el salario social sustitutivo de las rentas de trabajo, sino con la necesidad de renta como ciudadano. Este tipo de Seguridad Social se llama no contributiva o asistencial.

Los sistemas de Seguridad Social definen la dosis de protección y las contingencias y situaciones de necesidad a su juicio merecedoras de protección definidas legalmente y mediante los mecanismos de seguro social, acogiéndose a los estándares generales de protección que a veces las propias normas internacionales (Convenio 102 de la OIT y normas comunitarias) establecen.

Quedaría de esta manera el concepto de Seguridad Social estructurado en dos niveles cada uno de ellos con sus técnicas específicas:

- Seguridad social contributiva, de base profesional, financiada en parte en cuotas según el esquema del seguro, y con determinación de las prestaciones de acuerdo con los requisitos previos y de acuerdo con lo cotizado.

- Seguridad Social no contributiva: Se trata de garantizar una cierta seguridad económica y redistribuir la renta. En unos modelos sólo se garantiza esta renta mínima ante determinadas situaciones de necesidad, como la Invalidez o la Vejez o la situación de las mujeres solas sin medios de subsistencia: Este mínimo serían ahora ya, a diferencia de la Asistencia pública o Beneficencia, un derecho subjetivo perfecto, no condicionado a la discrecionalidad estatal, aunque sí a la carencia de rentas, y su financiación sería fiscal. En otros países el modelo universalista alcanza una garantía de renta mínima sin distinguir riesgos o situaciones protegidas.

Junto a este concepto de Seguridad Social no contributiva, se ha construido el de Protección Social, más amplio, que añade a los ya señalados niveles los siguientes:

- Asistencia Social y Servicios sociales. En la primera podrían situarse las rentas mínimas garantizadas, estatales o de nivel autonómico, dirigidas a situaciones de pobreza, extrema necesidad o marginación social, con vistas a la integración de estos colectivos. Los segundos son ofrecidos no ya sólo por la Seguridad Social, sino también por el Estado, para todos los ciudadanos, financiados por vía fiscal (universalización), o por vía asegurativa (generalización) en su caso, para los ciudadanos que no tuvieran derecho por otras vías: servicios de sanidad, servicios sociales, servicios de empleo y formación profesional.

- Fuera ya de la Seguridad Social se encontrarían los niveles complementarios externos de carácter privado previstos en los convenios colectivos (mejoras voluntarias) y en los contratos individuales y que se canalizan a través de seguros privados (mejora de prestaciones, Planes de pensiones, etc.) y técnicas mutualistas (Mutualidades, Montepíos, etc.).

Respecto del sistema español, influenciado por los modelos de Bismark y Beveridge, partiendo de una etapa filantrópica (creación de cajas de retiros y de Socorros para enfermos e inválidos o de asilos para inválidos de trabajo), y de mutualismo obrero, a finales del siglo XIX, que implica la agrupación de los trabajadores por los grandes riesgos a los que estaban sometidos por la precaria situación existente tras la revolución industrial. La primera sociedad de socorros mutuos aparece en 1839 en Barcelona y era de los tejedores de algodón. Estas sociedades estaban formadas por trabajadores que realizaban una misma actividad profesional, y se trataba de cajas de resistencia frente a los riesgos. Se miraban con cautela y desconfianza por los poderes públicos, que las consideraban subversivas.

En 1863 se crea la «Comisión de reformas sociales» que da cuenta de las condiciones de los trabajadores, y se van aceptando esas agrupaciones de trabajadores antes prohibidas incluso aportando capital para sus fondos comunes El primer gran hito en la configuración de la Seguridad Social en España es la ley de Accidentes del Trabajo de 30 de enero de 1900, primera gran norma española en materia de protección social, que ejerció gran influencia sobre la legislación posterior, y que se basa en la ley francesa de 1889. En ella se establece la responsabilidad objetiva del empresario (haya o no culpa o negligencia, el empresario responde de «toda lesión corporal que el operario sufra con ocasión o por consecuencia del trabajo que ejecuta por cuenta ajena»). Dicha responsabilidad empresarial es susceptible de aseguramiento voluntario.

Se da un paso decisivo para el establecimiento de un régimen de seguros sociales con la fundación, en 1908, del Instituto Nacional de Previsión (Ley de 27 de febrero) con las funciones (entre otras) de difundir la previsión popular y de gestionar directamente la protección establecida como obligatoria para diversos riesgos. Así, se produce por primera vez la intervención del Estado como factor que contribuye a la previsión social, creando un órgano estatal y autónomo llamado a ser el eje de la política social española en materia de previsión. En el periodo 1917-1923 se sientan las bases del régimen de los seguros sociales con la regulación en 1919 del llamado retiro obrero (jubilación). Se aprueba una nueva ley de Accidentes de Trabajo (1922), un Real decreto sobre subsidios obreros por maternidad (1923), el seguro obligatorio de enfermedad (SOE, 1942). de accidentes de trabajo y enfermedades profesionales (1947), seguro de vejez, invalidez y muerte (1955), y seguro de desempleo (1961).

Así, progresivamente los seguros sociales van siendo ampliados y configurados como obligatorios. Además de ser también configurados por sectores de actividad a través de las Mutualidades laborales. Todo ello, hasta llegar a la configuración del actual sistema de Seguridad Social, a través de la Ley de bases de 1963, cuya organización y directrices se han ido manteniendo mediante las posteriores normas de Seguridad Social como la Ley General de Seguridad Social, de 30 de mayo de 1974, el Real Decreto Legislativo 1/1994, de 20 de junio, o el actual texto refundido de la Ley General de Seguridad Social.

La aprobación de la Constitución de 1978 supone un cambio decisivo en la evolución histórica de la Seguridad Social. El marco constitucional reconoce un régimen público de Seguridad Social que si bien de una parte, mantiene el modelo de Seguridad Social de tipo contributivo, de otra introduce conceptos nuevos, como el asistencial o no contributivo y reconoce por primera vez, si bien fuera de la misma, los niveles privados complementarios. Todo ello se sitúa dentro de los principios rectores de política económica y social, dadas las implicaciones económicas y financieras de la Seguridad Social y los diversos posibles desarrollos según las diversas concepciones del Estado del bienestar. Paralelamente, distintas disposiciones regulan los Regímenes especiales de la Seguridad Social, dirigidos a la protección de colectivos determinados, que poco a poco se han ido reformando de acuerdo con la tendencia a la homogeneidad y la equiparación.

En los años ochenta se crearon las prestaciones no contributivas mediante las que se viene así a crear por primera vez un nivel global no contributivo, pero no de tipo universalista para cualquier situación de necesidad, como contempla el art. 41 de la Constitución como línea de tendencia, sino para contingencias concretas que operan como selectores de necesidades. Se contemplan para las prestaciones de Asistencia Sanitaria, Jubilación, Invalidez e Hijo a cargo.

Además, en el año 2006 se produce una reforma de gran calado y se aprueba la llamada Ley de la dependencia, Ley 39/2006 de 14 de diciembre, dando lugar a lo que ha venido a llamarse el cuarto pilar del sistema de protección social para atender a las personas en situación de dependencia.

En 1995 los distintos grupos parlamentarios aprobaron un Informe sobre las perspectivas de la Seguridad Social en España, los llamados Pactos de Toledo de 1995 (Pleno del Congreso de 6 de abril de 1995), que han sido objeto de aplicación por diversos acuerdos entre el gobierno y los sindicatos y que se han traducido en sucesivas reformas de la Seguridad Social para garantizar su viabilidad financiera. Todo ello, a través de la separación de las fuentes de financiación (distinguiendo las prestaciones contributivas, a financiar por cuotas, de las no contributivas, a financiar por vía fiscal), la defensa del sistema público de pensiones y el apoyo de los niveles privados y reformas permanentes de las pensiones, en especial de la de jubilación.

En línea con este reto de sostenibilidad financiera de la Seguridad Social, cabe mencionar otros desafíos a los que se enfrenta nuestro actual sistema como.

- La diversificación de los núcleos familiares.

- El aumento del paro y la segmentación y dualismo del mercado de trabajo con especial referencia al trabajo a tiempo parcial y sus efectos futuros en las prestaciones.

- La incorporación cada vez más tardía de los jóvenes al trabajo.

- Los flujos migratorios procedentes de países subdesarrollados

- Las tendencias demográficas: el envejecimiento de la población activa y los problemas de financiación de las pensiones.

- La compatibilidad del Estado del bienestar tal como se ha conocido históricamente, especialmente en Europa, con las nuevas exigencias de competitividad (costes, gasto público, etc.) derivados de la globalización de la economía en un mercado mundial y la deslocalización de la actividad laboral, con el traslado de las empresas a países que suponen menores costes sociales.

2. El sistema de la Seguridad Social española

2.1. Marco constitucional

El marco constitucional de referencia del sistema de Seguridad Social es el artículo 41 CE, el cuál impone a los poderes públicos el deber de mantener un régimen público de Seguridad Social para todos los ciudadanos ante situaciones de necesidad. Así:

> «Los poderes públicos mantendrán un régimen público de Seguridad Social para todos los ciudadanos, que garantice la asistencia y prestaciones sociales suficientes ante situaciones de necesidad, especialmente en caso de desempleo. La asistencia y prestaciones complementarias serán libres».

De dicho precepto cabe resaltar varias ideas:

- Es un principio rector de la política social y económica, por lo que se produce una remisión al legislador para regular y ampliar su contenido. En este caso, se hace necesario hacer especial mención al RD 8/2015, de 30 de octubre, por el que se aprueba el texto refundido de la Ley General de Seguridad Social —TRLGSS—.

- Un régimen público de Seguridad Social como régimen básico (catálogo de prestaciones básicas)

- Un régimen complementario, de carácter voluntario y distinto al régimen básico.

- Situaciones de necesidad: hace referencia a las con tingencias protegidas por las prestaciones creadas a tal efecto, en el catálogo de prestaciones, pues tal y como se estudiará, con dicho término no se pretende que el Estado haga frente a todas las situaciones de necesidad de los ciudadanos.

- A todos los ciudadanos: equivalente a un principio de universalidad. Si bien, al igual que en el caso anterior, dicho precepto no hace referencia a que todos los ciudadanos tienen derecho a la Seguridad Social, si no que tan sólo se reconoce a quienes cumplan con los requisitos establecidos por la legislación de Seguridad Social.

2.2. Acción protectora. Contingencias y prestaciones

La Seguridad Social tiene por objeto hacer frente a las situaciones o estados de necesidad que se originan por la actualización de una contingencia determinante, previamente tipificada por el legislador, que sufre un individuo en su persona y de los que deriva, bien un exceso de gastos, bien un defecto de ingresos, bien ambas cosas a un tiempo.

Los sistemas nacionales de Seguridad Social, de acuerdo con sus posibilidades y prioridades, determinan qué necesidades se cubren y en qué grado, en el marco mínimo del régimen público de Seguridad Social, como establece nuestra Constitución, en función de las necesidades de cada momento histórico, así como de las posibilidades económicas. El legislador, dentro de un marco público, tiene un amplio margen para delimitar el alcance y extensión, tanto subjetiva como objetiva, del sistema.

2.2.1. Contingencias

Las contingencias pueden ser definidas como los acontecimientos posibles o probables que pueden situar a una persona en una situación de necesidad que se traduce en una necesidad pecuniaria derivado de un exceso de gastos (como puede ser la asistencia sanitaria) o un defecto de ingresos (pérdida de rentas profesionales). No es esencial la existencia de una situación real de necesidad del sujeto beneficiario en el caso de las prestaciones contributivas, en las que lo determinante es la sustitución de la renta perdida (lucro cesante) o la compensación de un gasto (daño emergente). Sí será determinante la situación real de necesidad en las prestaciones no contributivas.

Pues bien, dependiendo de la causalidad de la contingencia y su conexión o no con el desempeño de la actividad laboral se distingue entre:

A) Los riesgos profesionales: accidente de trabajo y enfermedad profesional

— a) Accidente de trabajo

La LGSS determina, en su artículo 156, que un accidente de trabajo es toda lesión corporal que el trabajador sufra con ocasión o por consecuencia del trabajo que ejecute por cuenta ajena.

Por lo tanto, para que un accidente tenga esta consideración es necesario que:

- Que el trabajador/asimilado sufra una lesión corporal. Entendiendo por lesión todo daño o detrimento corporal causado por una herida, golpe o enfermedad. Se asimilan a la lesión corporal las secuelas o enfermedades psíquicas o psicológicas.

- Que el accidente se produzca con ocasión o por consecuencia del trabajo, es decir, que exista una relación de causalidad directa entre trabajo-lesión.

¿Qué supuestos están considerados como Accidentes de Trabajo?

- Accidentes producidos con ocasión de las tareas desarrolladas, aunque sean distintas a las habituales: Se entenderá como accidente de trabajo, aquel que haya ocurrido durante la realización de las tareas encomendadas por el empresario, o realizadas de forma espontánea por el trabajador/a en interés del buen funcionamiento de la empresa, (aunque éstas sean distintas a las de su categoría profesional) (Art. 156.2.c LGSS).

- Accidentes sufridos en el lugar y durante el tiempo de trabajo: Las lesiones sufridas durante el tiempo y en el lugar de trabajo se consideran, salvo prueba en contrario, accidentes de trabajo (Art. 156.3 LGSS).

– Accidente «in itinere». Es aquel que sufre el trabajador/a al ir al trabajo o al volver de éste. (Art. 156.2.d LGSS). La doctrina y la jurisprudencia, sintetizando los requisitos que deben concurrir simultáneamente para que un accidente sea considerado de trabajo in itinere: teleológico, cronológico, topográfico y mecánico.

» Requisito teleológico. El desplazamiento del trabajador debe estar motivado única y exclusivamente por el trabajo, es decir, su causa ha de ser la iniciación o finalización del trabajo por cuenta ajena, y no por un motivo privado o personal. Se trata de demostrar la existencia de conexión o nexo causal entre la lesión corporal sufrida y el trabajo. No existirá cuando la finalidad o motivo del desplazamiento sea gestionar asuntos privados.

» Requisito cronológico. El accidente ha de ocurrir en un tiempo inmediato o razonablemente próximo a las horas de entrada o salida del trabajo, si bien debe interpretarse de forma flexible en función de cada caso concreto.

» Requisito geográfico (topográfico). Este requisito se compone de dos elementos, los cuales deben concurrir necesariamente:

▪ El accidente ha de ocurrir en el camino de ida o vuelta entre el domicilio del trabajador y su lugar de trabajo.

▪ Este camino o trayecto de ida o vuelta debe ser el adecuado, es decir, el normal o habitualmente utilizado por el trabajador.

» Requisito de idoneidad del medio (mecánico). El medio de transporte utilizado cuando tiene lugar el accidente debe ser adecuado y racional para salvar la distancia, entendiéndose como adecuado el normal o habitual cuyo uso no entrañe riesgo grave e inminente.

– Accidentes en misión. Son aquellos sufridos por el trabajador/a en el trayecto que tenga que realizar para el cumplimiento de la misión, así como el acaecido en el desempeño de la misma dentro de su jornada laboral.

- Accidentes de cargos electivos de carácter sindical. Son los sufridos con ocasión o por consecuencia del desempeño de cargo electivo de carácter sindical o de gobierno de las entidades gestoras de la Seguridad Social, así como los accidentes ocurridos al ir o volver del lugar en que se ejercen las funciones que les son propias (art. 156.2.b LGSS).

- Actos de salvamento. Son los accidentes acaecidos en actos de salvamento o de naturaleza análoga cuando tengan conexión con el trabajo. Se incluye el caso de orden directa del empresario o acto espontáneo del trabajador/a (art. 156.2.d LGSS).

- Enfermedades o defectos anteriores: Son aquellas enfermedades o defectos padecidos con anterioridad, que se manifiestan o agravan como consecuencia de un accidente de trabajo (art. 156.2.f LGSS).

- Enfermedades intercurrentes: Se entiende por tales las que constituyen complicaciones del proceso patológico determinado por el accidente de trabajo mismo. Para calificar una enfermedad como intercurrente es imprescindible que exista una relación de causalidad inmediata entre el accidente de trabajo inicial y la enfermedad derivada del proceso patológico (art. 156.2.g LGSS).

- Las enfermedades comunes que contraiga el trabajador/a con motivo de la realización de su trabajo, no incluidas en la lista de enfermedades profesionales. Se debe acreditar fehacientemente la relación causa-efecto entre la realización de un trabajo y la aparición posterior de la enfermedad (art. 156.2.e LGSS).

- Los debidos a imprudencias profesionales (art. 156.5.a LGSS): se califica así a los accidentes derivados del ejercicio habitual de un trabajo o profesión y de la confianza que éstos inspiran al accidentado.

¿Qué accidentes NO tienen la consideración de Accidente de Trabajo?

- Los debidos a fuerza mayor extraña al trabajo: es decir, cuando esta fuerza mayor, sea de tal naturaleza que no guarde relación alguna con el trabajo que se realiza en el momento de sobrevenir el accidente. No constituyen supuestos de fuerza mayor extraña fenómenos como la insolación, el rayo y otros fenómenos análogos de la naturaleza (sí el trabajo habitual del trabajador/a es a la intemperie sí es A.T.). En el caso de atentado terrorista que afecta al trabajador/a en el lugar de trabajo no estamos ante un caso de fuerza mayor sino ante una actuación de un tercero (art. 156.4.a LGSS).

- Los accidentes debidos a imprudencia temeraria del trabajador/a (art. 156.4.b LGSS): se considera Imprudencia temeraria cuando el accidentado ha actuado de manera contraria a las normas, instrucciones u órdenes dadas por el empresario de forma reiterada y notoria. Si coinciden riesgo manifiesto, innecesario y grave, la jurisprudencia viene entendiendo que existe imprudencia temeraria, si no será una imprudencia profesional.

- Accidentes debidos a dolo del trabajador/a accidentado: Se considera que existe dolo cuando el trabajador/a consciente, voluntaria y maliciosamente provoca un accidente para obtener prestaciones que se derivan de la contingencia. (art. 156.4.b LGSS).

- Accidentes derivados de la actuación de otra persona: Los accidentes que son consecuencia de culpa civil o criminal del empresario, de un compañero de trabajo o de un tercero constituyen auténticos accidentes de trabajo siempre y cuando guarden alguna relación con el trabajo. El elemento determinante es la relación causa-efecto (art. 156.5.b LGSS). Así las bromas o juegos que pueden originar un accidente ocurridos durante el trabajo o los sufridos al separar una riña serán A.T.

— b) Enfermedad profesional

El artículo 157 recoge la definición de enfermedad profesional es «la contraída a consecuencia del trabajo ejecutado por cuenta ajena en las actividades que se especifiquen en el cuadro que se apruebe por las disposiciones de aplicación y desarrollo de esta Ley, y que esta proceda por la acción de elementos o sustancias que en dicho cuadro se indiquen para cada enfermedad profesional».

Esta disposición es el RD 1299/2006, de 10 de noviembre, por el que se aprueba el cuadro de enfermedades profesionales en el sistema de la Seguridad Social y se establecen criterios para su notificación y registro.

Es un cuadro limitado, con un listado cerrado de enfermedades profesionales. No obstante, las enfermedades profesionales que no se encuentren reflejadas en el mismo, pueden quedar incluidas en el concepto de accidente laboral, según establece el artículo 156.2.e) de la LGSS, pero no tendrán la consideración de enfermedad profesional.

Las empresas que tengan puestos de trabajo con riesgo de enfermedades profesionales están obligadas:

– A practicar reconocimientos médicos previos a la admisión de trabajadores que vayan a ocupar tales puestos, no pudiéndose contratar los trabajadores que no hayan sido calificados como aptos para desempeñar ese puesto de trabajo.

A realizar reconocimientos periódicos que se establecen para cada tipo de enfermedad, no pudiendo continuar el trabajador en su puesto cuando no se mantenga la declaración de aptitud.

El incumplimiento de la obligación de practicar los reconocimientos médicos constituirá a la empresa en responsable directa de todas las prestaciones que puedan derivarse, caso de que acontezca la enfermedad profesional.

B) Contingencias comunes

El art. 158 de la LGSS estipula que «se considerará accidente no laboral el que conforme a lo establecido por el art. 156 no tenga el carácter de accidente de trabajo.

Se considerará que constituyen enfermedad común las alteraciones de la salud que no tengan la condición de accidentes de trabajo, ni de enfermedades profesionales, conforme a los dispuesto, respectivamente, en los apartados e), f), y g) del número 2 del artículo 156 y en el artículo 157».

Por tanto, se trata de un concepto residual respecto a las contingencias profesionales, cuando la contingencia se produce sin dicha conexión laboral.

Por último, cabe señalar que la intensidad de la acción protectora es mayor en las contingencias profesionales que en las comunes. Lo que explica el importante número de litigios dilucidados ante la jurisdicción social pretendiendo conseguir la calificación de accidente de trabajo o de enfermedad profesional, sencillamente para obtener las consecuencias más favorables que el reconocimiento de éstos comporta.

2.2.2. Catálogo de prestaciones

Producido el hecho causante que sitúa a la persona en una situación de necesidad, el mecanismo a través del cual el sistema de Seguridad Social articula la protección a dicha situación es la prestación. Por tanto, las prestaciones son el mecanismo a través del cual la SS trata de proteger las situaciones de infortunio o necesidad, según el catálogo de prestaciones configurado a tal efecto.

Así, mediante la llamada «acción protectora» se delimita el alcance y contenido concreto, la calidad y cantidad de las prestaciones a las que tendrá derecho una persona si se ve afectada por alguna de las situaciones o contingencias previstas.

De conformidad con lo dispuesto en el art. 42 de la LGSS la acción protectora de la Seguridad Social comprende un catálogo básico de prestaciones, en el que se incluye prestaciones tales como:

- La asistencia sanitaria en los casos de maternidad, de enfermedad común o profesional y de accidente, sea o no de trabajo.

- La recuperación profesional, cuando se entienda procedente en cualquiera de los casos anteriores.

- Las prestaciones económicas en las situaciones de incapacidad temporal; maternidad; paternidad; riesgo durante el embarazo; riesgo durante la lactancia natural; cuidado de menores afectados por cáncer u otra enfermedad grave; incapacidad permanente contributiva e invalidez no contributiva; jubilación, en sus modalidades contributiva y no contributiva; desempleo, en sus niveles contributivo y asistencial; protección por cese de actividad; muerte y supervivencia; así como las que se otorguen en las contingencias y situaciones especiales que reglamentariamente se determinen por real decreto, a propuesta del titular del Ministerio de Empleo y Seguridad Social.

- Prestaciones familiares, en sus modalidades contributiva y no contributiva.

- Las prestaciones de servicios sociales que puedan establecerse en materia de reeducación y rehabilitación de personas con discapacidad y de asistencia a personas mayores, así como en aquellas otras materias en que se considere conveniente.

- Igualmente, y como complemento de las prestaciones comprendidas en el apartado anterior, podrán otorgarse los beneficios de la asistencia social.

A) Naturaleza y tipología de las prestaciones

Entre los distintos tipos de prestaciones, podemos hacer referencia a:

TEMA 1. IDENTIDAD DE LA SEGURIDAD SOCIAL

— **Prestaciones contributivas y o contributivas**

Las contributivas son aquellas vinculadas a la actividad laboral. Exigen alta y cotización. Por regla general, el derecho a prestaciones contributivas del Sistema de Seguridad Social está condicionado a que el sujeto que solicite tal protección se encuentre afiliado (Art. 15 LGSS: «La afiliación a la Seguridad Social es obligatoria».)

La afiliación es el acto formal de inclusión del sujeto protegido en el campo de aplicación de la Seguridad Social: Acto obligatorio, único para toda la vida del sujeto protegido y para todo el sistema, sin perjuicio de las altas y bajas en los distintos regímenes integrantes del sistema de Seguridad Social.

Asimismo, algunas prestaciones exigen además del alta y cotización en la Seguridad Social, un período mínimo de cotización o también llamado período de carencia. Es el caso de la incapacidad temporal por enfermedad común que exige un período de 180 días cotizados en los 5 años inmediatamente anteriores a la fecha de producción de la contingencia.

La financiación de estas prestaciones se produce a través de las cotizaciones a la Seguridad Social del trabajador.

— **No contributivas**

Las prestaciones no contributivas son las que no tienen vinculación laboral. Es una vía residual prevista para proteger a aquellos sujetos que no cumplan con los requisitos exigidos para el acceso a las prestaciones por vía contributiva, y ligada al requisito de previa demostración por parte del interesado de ausencia de recursos económicos suficientes para atender la situación de necesidad para la que solicita la prestación de la Seguridad Social.

Se financia a través de los Presupuestos Generales del Estado. No estarán protegidas por esta modalidad todas las situaciones, sino sólo las prestaciones sanitarias y las prestaciones económicas en las situaciones de desempleo, invalidez, jubilación, así como las prestaciones por hijo a cargo.

— Prestaciones económicas y en especie.

La única prestación en especie es la prestación de asistencia sanitaria.

Las económicas pueden ser de cuatro clases:

- Pensiones, son prestaciones económicas de devengo periódico y de duración vitalicia o hasta alcanzar una edad determinada.

- Subsidios, prestaciones de devengo periódico y de duración temporal.

- Indemnizaciones, prestaciones económicas abonables por una sola vez.

B) Dinámica de las prestaciones

En cuanto al nacimiento de las prestaciones, éstas no nacen de oficio, sino que tienen que ser solicitadas por los interesados, por tanto, además de los dos requisitos (situación de necesidad y hecho causante), para que nazca la prestación tendrá que ser solicitada por el interesado y reconocida por el sujeto responsable del pago de la misma.

El reconocimiento de la prestación le corresponde a la entidad gestora o colaboradora y se produce cuando la entidad comprueba que el sujeto beneficiario y el sujeto causante, si son distintos, reúnen los requisitos necesarios para el reconocimiento de la prestación.

El desarrollo de la prestación se divide en el momento de devengo y el momento de pago:

- El devengo es el momento a partir del cual nace el derecho a la prestación. No en todas las prestaciones el momento de devengo es el mismo.

- El pago es la entrega del importe de la prestación y siempre se hará con efectos desde la fecha de devengo.

- En cuanto a la extinción de las prestaciones. Las causas generales de extinción son:

  » El cumplimiento del pago de una prestación.

» La pérdida de la condición de beneficiario, es decir, cuando una persona deja de cumplir los requisitos para recibir la prestación.

» Que desaparezca el hecho causante.

» Cuando al beneficiario se le aplica una sanción que lleva consigo la pérdida de la prestación.

» La muerte del sujeto beneficiario.

Luego, de todo lo expuesto, son varios los elementos y precisiones terminológicas para tener en cuenta:

– Contingencia: situación que se define legalmente y que es protegida por la SS debido al aumento de los gastos o la diminución de los ingresos que suponen para la persona que la sufre, y que ponen a ésta en una situación de necesidad.

– Hecho causante: es el hecho que produce la contingencia, es decir, el estado de necesidad.

– Mecanismo a través del cual la SS trata de proteger las situaciones de infortunio o necesidad (según el catálogo de prestaciones).

Además, en cuanto a los sujetos de la relación jurídica, cabe indicar:

– Sujeto beneficiario es aquel que sufre la situación de necesidad actual, ya sea real o presunta, y que va a recibir la prestación, siempre que cumpla con los requisitos establecidos para cada una de ellas. El sujeto causante puede coincidir o no con el sujeto beneficiario.

– Sujeto responsable del pago de la protección que son: una entidad gestora o una entidad colaboradora.

2.3. Ámbito subjetivo del sistema de Seguridad Social

El artículo 7 define el campo de aplicación del Sistema de Seguridad Social en torno a tres criterios de inclusión como son: profesionalidad, nacionalidad y territorialidad, de los que a su vez se van a distinguir dos modalidades de prestaciones: contributivas y no contributivas.

Así, el citado artículo establece que están incluidos dentro del campo de aplicación de la Seguridad Social, «todos los españoles, cualquiera que sea su sexo, estado civil y profesión, que residan y ejerzan su actividad en territorio nacional y estén incluidos dentro de los apartados siguientes:

– Trabajadores por cuenta ajena en las distintas ramas de la actividad económica o asimilados a ellos, bien sean eventuales, de temporada o fijos, aun discontinuos, trabajadores a distancia y con independencia de la categoría profesional del trabajador y de la forma y cuantía de la remuneración, y de la naturaleza común o especial de su relación laboral,

– Trabajadores por cuenta propia o autónomos, sean o no titulares de empresas individuales o familiares, mayores de dieciocho años y que reúnan los requisitos que reglamentariamente se determinen,

– Socios trabajadores de Cooperativas de trabajo asociado,

– Estudiantes,

– Funcionarios públicos civiles y militares».

Según lo anterior, cabría pensar que sólo las personas que ejerzan una actividad profesional son sujetos protegidos por el Sistema español, en su modalidad contributiva, quedando el resto de los casos excluidos de la protección del Sistema de Seguridad Social. Si bien, este criterio general de la profesionalidad ha de ser objeto, en todo caso, de algunas matizaciones, dado que hay situaciones en las que el sujeto no está ejerciendo una actividad profesional y, sin embargo, está incluido en el sistema de protección social. Así, sucede en las llamadas situaciones asimiladas a las de alta: excedencia forzosa, desempleo, suscripción de convenio especial, etcétera. Del mismo modo, siguen estando protegidos por el Sistema español de Seguridad Social quienes han terminado su vida profesional, los pensionistas de jubilación o de incapacidad permanente.

Asimismo, las personas relacionadas por lazos de parentesco o por matrimonio con el sujeto incluido en el campo de aplicación del sistema español de Seguridad Social tienen derecho a la protección que éste dispensa a través de la figura de los beneficiarios.

Junto a las prestaciones contributivas derivadas del desempeño de la actividad laboral, el Sistema de Seguridad Social, por su propio carácter social y protector, extiende su campo de aplicación a aquellas personas que, cumpliendo con los requisitos de nacionalidad y residencia, no cumplan con los requisitos de la vía contributiva y encuentren en situación de necesidad, creándose así una vía residual de prestaciones de naturaleza no contributivas. En este sentido, el artículo 7.2 «[...] estarán comprendidos en el campo de aplicación del sistema de Seguridad Social, a efectos de las prestaciones no contributivas, todos los españoles residentes en territorio español». No obstante, no estarán protegidas por esta modalidad todas las situaciones, sino sólo las prestaciones sanitarias y las prestaciones económicas en las situaciones de desempleo, invalidez, jubilación, así como las prestaciones por hijo a cargo.

Con respecto al requisito de nacionalidad se produce una equiparación de los extranjeros con respecto a los españoles, siempre que cumplan con el requisito de residencia legal en España.

En este sentido, el artículo 13 de la Constitución establece que los ciudadanos extranjeros gozarán en España de los derechos y libertades contenidos en el Título I, en los términos establecidos en los tratados internacionales y en las leyes.

Asimismo, el artículo 6 del convenio 97 de la OIT (en vigor desde el 22 de enero de 1952, ratificado el 21 de marzo de 1967 por España) sobre trabajadores migrantes indica que tienen derecho, en materia de seguridad social, a un trato no menos desfavorable que el aplicado a los nacionales. España, además, tiene firmados gran número de convenios internacionales, tanto bilaterales como multilaterales.

Los extranjeros tienen igual derecho que los españoles a las prestaciones, tanto contributivas como no contributivas, sin necesidad de convenios internacionales ni de reciprocidad, siempre que se encuentren legalmente en España o realicen una actividad en territorio nacional de las que dan lugar al encuadramiento en la Seguridad Social (art. 7.1 LGSS).

Tras la Ley 4/2000 de 11 de enero (arts. 10 y 12, no afectados por la ley 8/2000 de reforma de la Ley de extranjería ni por la ley 13/2003) se extiende la protección social a todos los extranjeros que se encuentren legalmente en España.

Se equiparan también a los españoles los extranjeros que tengan el Estatuto de refugiados (Ley 5/1984, de 26 de marzo y 9/1994, de 19 de mayo) y los apátridas (España ha ratificado en BOE de 4 de julio de 1997 el Estatuto de apátridas de 1954).

Además, con respecto a la situación de irregularidad en la que puedan incurrir los extranjeros en España cabe distinguir dos situaciones, en lo que a protección de la Seguridad Social se refiere:

– Extranjero con permiso de residencia y sin permiso de trabajo. Dado que el artículo 36.5 LO 4/2000 señala que la carencia de permiso de trabajo no invalida el contrato de trabajo, tendrán derecho a las prestaciones de Seguridad Social en situación de igualdad respecto a los españoles. Por lo tanto, se encontrarán en situación de igualdad respecto de aquellos españoles que desarrollan la prestación de trabajo sin formalizar su relación laboral y sin estar afiliados y/o dados de alta ante la Seguridad Social. Todo ello sin perjuicio de las responsabilidades del empresario, incluidas las de Seguridad Social. (STS 18 de marzo de 2008).

– Extranjero sin permiso de residencia y, consecuentemente, sin permiso de trabajo, están protegidos tan sólo a efectos de riesgos profesionales, pero no frente a riesgos comunes (SSTS 7 de octubre de 2003, 18 de marzo de 2008, Auto TS de 23 octubre de 2013).

Por último, con respecto al requisito de residencia legal en España hay que señalar que es exigible también para los españoles, teniendo en cuenta que según el artículo 51 «[...] se entenderá que el beneficiario tiene su residencia habitual en España aun cuando haya tenido estancias en el extranjero, siempre que éstas no superaren los noventa días naturales a lo largo de cada año natural [...]». Por tanto, la estancia producida en el extranjero por tiempo superior al criterio temporal fijado por la ley supone la exclusión del campo de aplicación de la Seguridad Social y, por tanto, la imposibilidad o pérdida de las prestaciones de la Seguridad Social que ya pudiera tener reconocidas con anterioridad. No obstante, hay que mencionar una serie de excepciones:

- Trabajador español enviado en misión por motivos de trabajo por su empresa en desplazamiento temporal a un centro de trabajo en el extranjero: mantiene la relación jurídica de Seguridad Social en España (hasta un determinado período de tiempo, según el país al que el trabajador haya sido desplazado). Se trata de la situación de trabajador desplazado. A efectos de Seguridad Social, se considera una situación asimilación al alta, según el art. 166 de la LGSS y la Orden ISM/835/2023, de 20 de julio, por la que se regula la situación asimilada a la de alta en el sistema de la Seguridad Social de las personas trabajadoras desplazadas al extranjero al servicio de empresas que ejercen sus actividades en territorio español. Todo ello sin perjuicio de las singularidades que en cada caso establezcan los convenios bilaterales o multilaterales de Seguridad Social.

- Funcionarios o empleados de organizaciones internacionales (de acuerdo con el RD 2805/1979). Se incluyen en la seguridad social mediante el sistema de Convenio Especial previsto en el artículo 166.3 de la LGSS.

- Personal contratado al servicio de la Administración Pública española en el extranjero (RD 2234/1981). Sistema de Convenio Especial.

- Personal que presta servicios en la administración de la Unión Europea (DA 5.ª LGSS). Sistema de Convenio Especial.

En esta línea de criterios territorialistas, es preciso indicar que los principales instrumentos que los Estados han utilizado para facilitar la movilidad de los trabajadores y garantizarles el derecho a la Seguridad Social en el marco internacional son los convenios bilaterales o multilaterales entre países y, en el caso de los países miembros, los reglamentos de coordinación.

El objetivo es procurar que los trabajadores nacionales de los Estados firmantes que se trasladan por motivos profesionales no experimenten una merma o perjuicio en sus derechos de Seguridad Social, pero tampoco que obtengan una doble e injustificada protección derivada de la aplicación de cada normativa de manera separada e individualizada.

En el caso de los países miembros, como ya se ha dicho, es preciso destacar la importancia del Reglamentos (CE) núm. 883/2004, del Parlamento Europeo y del Consejo, de 29 de abril, sobre coordinación de los sistemas de Seguridad Social, que actúa como norma de base, así como del Reglamento 987/2009, por el que se adoptan sus normas de aplicación —reglamento de aplicación— y el Reglamonto 166/2012, de 22 de mayo, por el que se modifican ambos.

Con respecto a la coordinación con países terceros, existen los convenios bilaterales o multilaterales. Así, referido a los primeros, existen con los países de Andorra, Argentina, Australia, Brasil, Cabo Verde, Canadá, Chile, China, Colombia, Corea, Ecuador, Estados Unidos, Filipinas, Japón, Marruecos, Méjico, Paraguay, Perú, República Dominicana, Rusia, Senegal, Túnez, Ucrania, Uruguay y Venezuela.

También existen convenios multilaterales, entre los que cabe destacar el Convenio Multilateral Iberoamericano de Seguridad Social, de noviembre de 2007 —CMISS—, que resulta aplicable a los países que tras su entrada en vigor el 1 de mayo de 2011 han ratificado y suscrito el Acuerdo de Aplicación que lo desarrolla. A la fecha, estos países son España, Argentina, Bolivia, Brasil, Chile, El Salvador, Ecuador, Paraguay, Perú, Portugal, Uruguay y República Dominicana.

En aquellos casos en los que resulten aplicables tanto un convenio bilateral como este convenio multilateral, este último estipula que se aplicarán las disposiciones que resulten más favorables al interesado (art 8). Es el caso de España con Argentina, Brasil, Chile, Ecuador, Paraguay, Uruguay, Perú y República Dominicana, ya que son los países con los que existe esta duplicidad de normas de coordinación.

Asimismo, cabe reseñar el Convenio Europeo de Seguridad Social y Convenio Complementario para su aplicación, de 14 de diciembre de 1972, que resulta aplicable a España, Austria, Bélgica, Italia, Luxemburgo, Países Bajos, Portugal y Turquía, así como el Acuerdo de Comercio y Cooperación entre la Unión Europea y la Comunidad Europea de la Energía Atómica, por una parte, y el Reino Unido de Gran Bretaña e Irlanda del Norte, por otra (Acuerdo de Comercio y Cooperación). En particular a su artículo SSCI.4, apartado 2, relativo a la coordinación de la Seguridad Social desde el 1 de enero de 2021. Fecha en la que dejaron de resultar aplicables los reglamentos de coordinación de los países miembros con estos territorios.

En cuanto al contenido de estos instrumentos de coordinación cabe tener en cuenta que, en líneas generales, tanto la normativa europea como los convenios bilaterales y multilaterales se rigen por unos criterios comunes definidos por la normativa internacional. Estos principios son la igualdad de trato y no discriminación; coordinación de las legislaciones; legislación única aplicable; supresión de cláusulas de residencia o portabilidad de las prestaciones; totalización de los períodos de cotización; no acumulación de prestaciones; y aplicación de las disposiciones más favorables. Asimismo, por un principio de reciprocidad, que implica que las partes firmantes se otorgan mutuamente los mismos derechos y obligaciones. Es decir, un país concede ciertos derechos o beneficios a los trabajadores extranjeros procedentes de un determinado país a cambio de que éste haga lo mismo con los de su territorio.

Todo ello, teniendo en cuenta que en la medida en la que los Estados son competentes para regular y organizar sus sistemas de Seguridad Social, no existe un catálogo de derechos idénticos y compartidos a escala internacional para todos los trabajadores, sino una serie de reglas que organizan y definen tales derechos.

2.4. Principios informadores de las prestaciones

2.4.1. Indisponibilidad

Los beneficiarios no pueden disponer de las prestaciones mediante ningún negocio jurídico que implique la transmisión a terceros de su derecho de crédito sobre las mismas. Así, de acuerdo con el artículo 44.1 de la LGSS «Las prestaciones de la Seguridad Social, así como los beneficios de sus servicios sociales y de la asistencia social, no podrán ser objeto de retención, cesión total o parcial, compensación o descuento, salvo en los dos casos siguientes: a) En orden al cumplimiento de las obligaciones alimenticias a favor del cónyuge e hijos. b) Cuando se trate de obligaciones contraídas por el beneficiario dentro de la Seguridad Social».

Obviamente, estas cesiones se refieren al derecho de cobro, ya que una vez cobrada, la prestación entra a formar parte del patrimonio del perceptor, que dispone del mismo a su arbitrio.

2.4.2. Irrenunciabilidad

Será nulo todo pacto, sea individual o colectivo, por el que el trabajador renuncie a los derechos que le confiere la legislación de Seguridad Social (artículo 3 de la LGSS).

2.4.3. Inembargabilidad

De la misma manera que lo eran los salarios, también las prestaciones son inembargables en la cuantía señalada para el SMI. Respecto de lo que exceda de esa cuantía, se aplicará un porcentaje de acuerdo con la Ley de Enjuiciamiento Civil (artículo 44.1 LGSS).

2.4.4. Fiscalidad

Las percepciones derivadas de la acción protectora de la Seguridad Social están sujetas a tributación en los términos establecidos por la normativa reguladora de cada impuesto (artículo 44.2 TRLGSS).

2.4.5. Privilegios crediticios

Las cantidades adeudadas por el empresario en concepto de prestación tienen naturaleza de créditos privilegiados cuando concurran con otros créditos.

Aunque solamente para las siguientes prestaciones:

- Recargo de prestaciones por incumplimiento de medidas de seguridad y salud en el trabajo (artículo 164).

- Subsidio por incapacidad temporal derivada de riesgos comunes a cargo del empresario (artículo 173).

- Las que deban satisfacer los empresarios por su colaboración en la gestión.

- Serán también créditos privilegiados aquellas prestaciones que deban satisfacer las mutuas colaboradoras en régimen de liquidación (artículo 162.2).

En concreto, las derivadas de riesgos profesionales, prestación por IT derivada de contingencias comunes, las prestaciones por riesgo durante el embarazo y lactancia, las prestaciones económicas por cese de actividad de los trabajadores por cuenta propia, la prestación por cuidado de menores afectados por cáncer u otra enfermedad grave y las demás que le sean atribuidas legalmente (artículo 80.2).

2.4.6. Incompatibilidades

Sin perjuicio de las excepciones existentes en algunas prestaciones, se debe partir de la premisa de que existe incompatibilidad de cada prestación con el trabajo, así como de las prestaciones entre sí. Por ejemplo, son incompatibles con el desempeño de la actividad laboral entre sí: incapacidad temporal o prestación de desempleo con el desempeño de la actividad laboral. Al contrario, son compatibles entre sí, las prestaciones de jubilación, viudedad y asistencia sanitaria.

2.4.7. Prescripción y caducidad

La prescripción afecta al derecho al reconocimiento de una prestación. Se produce, de acuerdo con el art. 53 de la LGSS cuando pasan cinco años desde el día siguiente a producirse el hecho causante de la prestación.

La caducidad afecta al cobro de una prestación ya reconocida. La caducidad en las prestaciones a tanto alzado o de cobro único se produce al año a contar desde el día siguiente de notificar al beneficiario la concesión de la prestación, y en las prestaciones de pago periódico lo que caduca es cada cobro mensual una vez ha pasado un año desde el vencimiento del pago de la prestación de ese mes (artículo 54).

En todo caso, la LGSS establece (arts. 53, 212 y 230) que las pensiones de Jubilación, Muerte y Supervivencia por su carácter alimenticio son imprescriptibles. Pese a que estas prestaciones no prescriben, la solicitud de las mismas no surte efectos en el momento en que se produjo el hecho causante y pudieron ser solicitadas, sino hasta tres meses antes de la fecha de solicitud.

No se aplica el régimen citado a la Incapacidad Temporal ya que no precisa de solicitud pues es suficiente con presentar los partes de baja y se hace efectiva la prestación de modo automático (principio de «oficialidad»).

Hay que tener en cuenta la caducidad especial de algunas prestaciones, como las de desempleo, en las que no rige el plazo del año, sino que caducan día a día (así, según el art. 268.2 de la LGSS cuando los beneficiarios presenten la solicitud de la prestación de desempleo transcurrido el plazo de quince días, tendrán derecho al reconocimiento de la prestación a partir de la fecha de la solicitud, perdiendo tantos días de prestación como medien entre la fecha que hubiera tenido lugar el nacimiento del derecho, de haberse solicitado en tiempo y forma, y aquella en que efectivamente se hubiese formulado la solicitud).

2.4.8. Limitación de la cuantía de las prestaciones

El importe inicial de las pensiones contributivas no podrá superar la cuantía íntegra mensual que se establezca anualmente en la Ley de Presupuestos Generales del Estado (art. 57 LGSS).

2.4.9. Complementos por mínimos

Los beneficiarios de pensiones del sistema de Seguridad Social, en su modalidad contributiva, que no perciban rendimientos del trabajo, de capital o de actividades económicas y ganancias patrimoniales (según el concepto establecido para ello en el Impuesto sobre la Renta de las Personas Físicas) o, que percibiéndolos, no excedan de la cuantía que anualmente se establezca para ello en la Ley de Presupuestos Generales del Estado, tienen derecho a percibir los complementos necesarios para alcanzar la cuantía mínima de las pensiones, siempre que residan en territorio español (art. 59.1 LGSS).

2.4.10. Complementos para la reducción de la brecha de género

Se reconoce un complemento de pensión, por su aportación demográfica a la Seguridad Social, a las mujeres que hayan tenido un hijo o más, beneficiarias de una pensión contributiva de jubilación, incapacidad permanente o viudedad, reconociéndose un complemento por cada hijo, debido a la incidencia que, con carácter general, tiene la brecha de género en el importe de estas pensiones. Los requisitos son haber tenido hijos biológicos o adoptados y ser beneficiarias, en cualquier régimen de la Seguridad Social, de pensiones contributivas de jubilación, viudedad o incapacidad permanente.

Este complemento se mantendrá siempre y cuando no medie solicitud y reconocimiento de complemento en favor del otro progenitor, y si esta es también mujer, se reconocerá a aquella que perciba pensiones públicas cuya suma sea de menor cuantía (para que la perciban los hombres se han de cumplir mayores requisitos).

El importe de este complemento se fija en la Ley de Presupuestos Generales del Estado, cuya cuantía viene estipulada por cada hijo.

2.4.11. Reintegro de prestaciones indebidas

Este principio supone que quien haya recibido indebidamente prestaciones de la Seguridad Social queda obligado a reintegrar su importe (art. 55.1 LGSS).

En este caso, el plazo de preinscripción de la Administración para reclamar dichas cantidades es de cuatro años, a contar desde la fecha de su cobro, o desde que le fue posible ejercitar la acción para exigir su devolución.

2.4.12. Responsabilidad del empresario

Este supuesto de responsabilidad actúa cuando el empresario incumple alguna de sus obligaciones en materia de Seguridad Social (art. 167.2 LGSS). De este modo, se distinguen incumplimientos por:

- En relación con los actos de encuadramiento (afiliación, alta, ingreso de cotizaciones, infracotizaciones).

- Recargo de las prestaciones. Las prestaciones económicas que tenga su causa en un accidente de trabajo o enfermedad profesional, que se haya producido como consecuencia de un incumplimiento del empresario en materia de prevención de riesgos laborales, se incrementan en un porcentaje, según la gravedad de la falta, entre un 30 y un 50 %.

La responsabilidad del pago del recargo recae directamente sobre el empresario infractor, sin que pueda ser objeto de aseguramiento, de modo que, cualquier pacto o contrato en este sentido será nulo. Todo ello, al margen de otras posibles responsabilidades de tipo penal o administrativo que puedan derivarse de dicho incumplimiento.

2.4.13. Automaticidad

Al objeto de evitar la desprotección del trabajador ante los supuestos de responsabilidad empresarial, en caso de insolvencia del empresario, se establece el mecanismo de la automaticidad de las prestaciones.

De este modo, en los casos en los que el empresario es el responsable del pago, según lo descrito anteriormente, y sea insolvente, serán responsables subsidiarios la entidad colaboradora o entidad gestora. Luego estas entidades se tendrán que dirigir contra el empresario para que liquide la deuda. Esta es la máxima garantía de que el beneficiario puede cobrar la prestación.

TEMA 2

GESTIÓN Y RÉGIMEN ECONÓMICO-FINANCIERO DE LA SEGURIDAD SOCIAL

1. Régimen económico-financiero de la Seguridad Social

Por sistemas de financiación, se entienden las técnicas financieras utilizadas para planificar la cobertura de los costes de la acción protectora de la Seguridad Social. En sentido amplio, se parte del mismo principio que el aseguramiento privado, es decir, los recursos económicos proceden de las primas que por el seguro paga cada asegurado/beneficiario de las prestaciones, si bien, en el caso de la Seguridad Social, basado en el principio de solidaridad.

En este sentido, el sistema de financiación de la Seguridad Social en España es un sistema mixto con fuentes de financiación de distinta naturaleza. Así, diferenciamos entre el sistema de financiación a través de las cotizaciones derivadas de la actividad laboral y el sistema impositivo, a través del pago de impuestos y presupuestos generales (art. 109 LGSS). Así:

- Sistema de cotizaciones. Financiación a través de las cotizaciones de las personas obligadas (empresario y trabajadores), y cantidades recaudadas por recargos, sanciones u otras de naturaleza análoga, frutos, rentas o intereses derivados de los recursos patrimoniales de la Seguridad Social. Financian las prestaciones contributivas.

- Sistema impositivo. Financiación a través del pago de impuestos y presupuestos generales. Financian las prestaciones no contributivas y la prestación de asistencia sanitaria.

Asimismo, una vez determinado el sistema de financiación cabe fijar el principio por el cual se rige tal sistema, diferenciándose en este sentido entre el principio de capitalización y reparto:

- Principio de capitalización. Supone que cada individuo/generación —capitalización individual o colectiva, respectivamente— soporta sus propios riesgos, presente y futuros, en virtud de un proceso de aportaciones —más los intereses que éstas generen— que, durante un amplio período de tiempo, constituirán un fondo de reserva del que tomar las cantidades necesarias para hacer frente a las prestaciones que genere el sujeto.

- Principio de reparto. Cada generación en activo soporta las cargas económicas de para financiar todas las prestaciones que se originen en ese momento, tanto las suyas propias, como las de generaciones pasadas ya inactivas, a cambio de que sus necesidades futuras sean soportadas por generaciones futuras.

El sistema financiero de todos los Regímenes que integran el sistema de la Seguridad Social será el sistema de reparto, para todas las contingencias y situaciones amparadas por cada uno de ellos (art. 110.1 LGSS).

Además, en la LGSS se constituirá un Fondo de Reserva para todo el sistema de la Seguridad Social, que tendrá por finalidad atender las necesidades futuras, en materia de prestaciones contributivas, originadas por los excedentes entre los ingresos y gastos, y siempre que las posibilidades económicas y la situación financiera lo permita. (arts. 110.2 y 117 y ss.).

Los activos del Fondo de reserva sólo podrán ser destinados al pago de pensiones contributivas y gastos para su gestión, y en situaciones estructurales de déficit por operaciones no financieras del sistema de la Seguridad Social.

2. Gestión de la Seguridad Social: entidades gestoras y colaboradoras

Corresponde al Estado la ordenación, jurisdicción e inspección de la Seguridad Social (art. 4.1. LGSS); y, con carácter general, la gestión del sistema de Seguridad Social, se efectuará bajo la dirección y tutela de los respectivos departamentos ministeriales, con sujeción a los principios de simplificación, racionalización, economía de costes, solidaridad financiera y unidad de caja, eficacia social y descentralización, a través de las entidades gestoras de la Seguridad Social, el Instituto Nacional de la Seguridad Social, el Instituto Nacional de la Gestión Sanitaria y el Instituto de Mayores y Servicios Sociales (art. 66.1 LGSS).

Asimismo, es posible la colaboración de los trabajadores y empresarios (éstos individualmente o a través de las mutuas colaboradoras), sin perjuicio de otras formas de participación de los interesados (arts. 129.1 CE y 4.2 LGSS)

Luego, la gestión de la Seguridad Social es de carácter público. Si bien, dicho predominio de lo público no impide la colaboración de la iniciativa privada, a través de las Mutuas colaboradoras de la Seguridad Social y las empresas que voluntariamente colaboran en la gestión de determinadas prestaciones.

Así, la gestión del sistema de Seguridad Social se estructura de la siguiente forma:

- Gestión otorgada de forma genérica a la Administración de la Seguridad Social dependiente del Ministerio de Empleo y Seguridad Social.

- Gestión encomendada de manera específica a las entidades gestoras y organismos autónomos de la Seguridad Social (INSS, INGESA, IMSERSO, ISM y SEPE).

- Gestión atribuida a los servicios comunes de la Seguridad Social (TGSS, Gerencia de Informática y Servicio Jurídico de la Administración de la Seguridad Social).

- Gestión desarrollada por otras personas o entidades en régimen de colaboración (Mutuas y empresas).

2.1. Entidades gestoras de la Seguridad Social

Las Entidades Gestoras de la Seguridad Social son los entes de derecho público y capacidad jurídica que tienen a su cargo la gestión y administración de la Seguridad Social, bajo la dirección y tutela de los respectivos departamentos ministeriales, con sujeción a principios de simplificación, racionalización, economía de costes, solidaridad financiera y unidad de caja, eficacia social y descentralización (arts. 66 y 68 LGSS).

A dichas entidades compete el reconocimiento del derecho a las prestaciones y la organización de los servicios.

Las Entidades Gestoras son:

- La Tesorería General de la Seguridad Social. (TGSS).

- El Instituto Nacional de la Seguridad Social (INSS)

- El Instituto Nacional de Gestión Sanitaria (INGESA). Gestiona derechos y obligaciones del antiguo INSALUD y prestaciones sanitarias en el ámbito de las ciudades de Ceuta y Melilla.
- El Instituto de Mayores y Servicios Sociales (IMSERSO). Gestión de servicios sociales complementarios de las prestaciones del Sistema de Seguridad Social básico, en personas mayores y personas en situación de dependencia.
- El Servicio Público de Empleo Estatal. Tras la Ley 3/2023, de 28 de febrero, de Empleo, la Agencia Española de Empleo. Gestiona y controla las prestaciones de desempleo, colaborando con las Comunidades Autónomas que hayan asumido el traspaso de competencias en políticas de empleo.
- El Instituto Social de la Marina (ISM). Entidad gestora del Régimen Especial de los Trabajadores del Mar.

Con respecto a las prestaciones de naturaleza no contributiva (salvo las que tenga una entidad gestora propia (es el caso del subsidio de desempleo), la gestión está atribuida a los órganos competentes de cada Comunidad Autónoma y a las Direcciones provinciales del Instituto de Mayores y Servicios Sociales (IMSERSO) en las ciudades de Ceuta y Melilla. En el caso de la Región de Murcia, el organismo gestor es el Instituto Murciano de Acción Social (IMAS), que depende de la Consejería de Familia e Igualdad de Oportunidades.

La gestión de los regímenes especiales de funcionarios públicos se encomienda a otras personas jurídicas de derecho público: Mutualidad General de Funcionarios Civiles del Estado (MUFACE), Instituto Social de las Fuerzas Armadas (ISFAS) y Mutualidad General Judicial (MUGEJU).

2.1.1. Tesorería General de la Seguridad Social

La TGSS se configura como servicio común con personalidad jurídica propia, en el que, por aplicación de los principios de solidaridad financiera y caja única, se unifican todos los recursos financieros, teniendo a su cargo la custodia de los fondos, valores y créditos y las atenciones generales y los servicios de recaudación de derechos y pagos de las obligaciones del sistema de la Seguridad Social (art. 74.1. LGSS). La TGSS tiene encomendadas las competencias sobre las siguientes materias:

- Inscripción de empresas apertura de cuentas de cotización, formalización de cobertura y tarifación respecto a las contingencias de accidentes de trabajo y enfermedades profesionales, toma de razón de extinción de las empresas, afiliación, altas y bajas de los trabajadores o asimilados, variaciones de datos y asignación del número de la Seguridad Social a los ciudadanos.

- Gestión liquidatoria administrativa para la determinación de las deudas, por cotizaciones y otros conceptos, con los organismos de la Administración de la Seguridad Social.

- Gestión recaudatoria de las cuotas y demás recursos de la Seguridad Social, incluyendo aplazamiento y fraccionamiento de pago.

- Titularidad, adquisición, disposición y administración de los bienes, derechos y demás recursos de la Seguridad Social, sin perjuicio de las facultades que las entidades gestoras tengan atribuidas.

- Gestión de todos los recursos financieros del sistema de la Seguridad Social.

- Sancionadoras: le corresponde, a propuesta de la Inspección de Trabajo y Seguridad Social, elevar a definitivas las actas de liquidación de cuotas y las actas de liquidación conjuntas con las actas de infracción, así como la imposición de sanciones a los trabajadores por infracciones en materia de seguridad social que afecten a su ámbito de competencias, salvo las que afecten a la prestación por desempleo.

2.1.2. Instituto Nacional de la Seguridad Social (INSS)

El Instituto Nacional de la Seguridad Social (INSS), es la entidad gestora de la Seguridad Social a la que se le encomienda la gestión y administración de las prestaciones económicas del Sistema de Seguridad Social, con excepción de aquellas cuya gestión esté atribuida a otras entidades.

Se le atribuyen las siguientes competencias:

- Reconocimiento y control de las prestaciones económicas del Sistema de la Seguridad Social en su modalidad contributiva.

- Reconocimiento y control de la asignación económica por hijo a cargo, en su modalidad no contributiva.

- Reconocimiento del derecho a la asistencia sanitaria (prestación en especie).

- Gestión del Registro de Prestaciones Sociales Públicas.

- Gestión de prestación de incapacidad permanente y muerte derivadas de enfermedad profesional.

- Gestión de prestaciones derivadas de accidentes de trabajo y enfermedad profesional, en los casos de empresas responsables de la prestación declaradas insolventes.

2.2. Mutuas colaboradoras

Las mutuas colaboradoras de la Seguridad Social (históricamente conocidas como «mutuas patronales» y más recientemente, hasta la Ley 35/2014, como «mutuas de accidentes de trabajo y enfermedades profesionales») son entidades privadas que pueden asumir tareas de colaboración en la gestión de determinados aspectos de la acción protectora de la Seguridad Social.

Las mutuas se regulan con carácter básico en los arts. 80 y ss. LGSS, La Ley 35/2014, de 26 de diciembre (BOE 29 diciembre), en vigor desde 1 de enero de 2015, acometió una extensa reforma de su régimen jurídico, que se ha recogido en el nuevo texto refundido.

Las mutuas colaboradoras de la seguridad social son asociaciones privadas de empresarios que actúan en régimen de responsabilidad mancomunada y sin ánimo de lucro, y que tienen como finalidad colaborar en la gestión de la seguridad social bajo la tutela del Ministerio encargado de asuntos laborales y de seguridad social, (art. 80.1 LGSS). Para su válida constitución se requiere autorización de dicho Ministerio e inscripción en el Registro especial dependiente del mismo.

El artículo 80.2 establece que tienen por objeto el desarrollo, en colaboración con el Ministerio, de las siguientes actividades de Seguridad Social:

– La gestión de las prestaciones económicas y de la asistencia sanitaria, incluida la rehabilitación, comprendidas en la protección de las contingencias de accidentes de trabajo y enfermedades profesionales de la Seguridad Social. Se prohíbe que las Mutuas puedan actuar como Servicios de prevención ajenos, aunque se permite el desarrollo de otras acciones preventivas ligadas a la cobertura de los riesgos profesionales.

– La gestión de la prestación económica por incapacidad temporal derivada de contingencias comunes.

– La gestión de las prestaciones por riesgo durante el embarazo y riesgo durante la lactancia natural.

– La gestión de las prestaciones económicas por cese en la actividad de los trabajadores por cuenta propia, en los términos establecidos en el título V de la LGSS.

– La gestión de la prestación por cuidado de menores afectados por cáncer u otra enfermedad grave.

– Las demás actividades de la Seguridad Social que les sean atribuidas legalmente.

Una vez constituidas, adquieren personalidad jurídica y capacidad de obrar para el cumplimiento de sus fines. El ámbito de actuación de las mismas se extiende a todo el territorio del Estado.

Los empresarios que opten por una mutua para la protección de los accidentes de trabajo y las enfermedades profesionales deben formalizar con la misma un Convenio de Asociación en el que deberán reflejarse los datos de identificación reglamentariamente previstos y que tiene en principio vigencia para un año, prorrogable por periodos de igual duración. Los trabajadores autónomos que elijan esa opción deben formalizar un Documento de Adhesión con iguales condiciones de contenido y vigencia (art. 83.1 LGSS).

La mutua debe aceptar toda proposición de asociación y de adhesión que se les formule, sin que la falta de pago de las cotizaciones sociales les excuse del cumplimiento de la obligación ni constituya causa de resolución del convenio o documento suscrito, o sus anexos. La información y los datos resultantes de estas operaciones tienen carácter reservado (art. 83 LGSS).

En cuanto a sus funciones, entre otras, se puede destacar:

Asimismo, también pueden optar por que la gestión de la incapacidad temporal derivada de contingencia común sea llevada a cabo por una Mutua. En este caso la Ley 35/2014 establece expresamente la competencia de la Mutua de la declaración del derecho a la prestación económica por IT, así como las de denegación, suspensión, anulación y declaración de la extinción del mismo, aunque se mantiene el control sanitario de las altas y bajas médicas por parte de los servicios públicos de salud y de los servicios médicos de la Entidad gestora. Podrá también llevar a cabo las funciones de seguimiento y control de las situaciones de baja de los trabajadores a partir del día primero de la baja.

Las mutuas pueden formular propuestas de alta ante la Inspección médica cuando consideren que el trabajador en situación de baja médica pueda no estar impedido para el trabajo.

2.3. Colaboración de las empresas

Las empresas podrán colaborar en la gestión de la SS realizando el pago (pago delegado) de determinadas prestaciones de IT y la asistencia sanitaria, pudiendo las empresas compensar el importe de las prestaciones económicas realizadas en la liquidación de las cotizaciones periódicas a la Seguridad Social. Esta colaboración se regula en el Art. 102 LGSS y en la OM de 25 de noviembre de 1966.

TEMA 3

ESTRUCTURA DE LA SEGURIDAD SOCIAL: REGÍMENES

1. Estructura del sistema: regímenes

Los sujetos que desempeñan una actividad laboral quedan vinculados al sistema de la Seguridad Social a través de una serie de actos administrativos llamados actos de encuadramiento (alta, afiliación) que se realizan en el Régimen de Seguridad Social que corresponda, según la naturaleza de la actividad laboral desempeñada.

En este sentido, el Sistema de Seguridad Social se estructura en una dualidad de regímenes. El régimen general y los regímenes especiales (artículo 9 de la LGSS). Esto, teniendo en cuenta el carácter central y principal del Régimen General frente al Régimen Especial.

Es importante hacer mención a que la inclusión en el ámbito de protección de uno u otro sistema goza de gran trascendencia, pues supone la aplicación de un régimen jurídico diferente para uno y otro caso. Entre las principales diferencias cabe señalar los actos de encuadramiento (afiliación, altas y bajas), en materia de cotización y recaudación e incluso el catálogo y contenido de la acción protectora.

1.1. Regímenes especiales

Son los establecidos para «aquellas actividades profesionales en las que, por su naturaleza, sus peculiares condiciones de tiempo y lugar o por la índole de sus procesos productivos se haga precisa una regulación especial» (art. 10 de la LGSS). Son regímenes especiales:

– Trabajadores Autónomos.

– Trabajadores del Mar.

– Funcionarios públicos, civiles y militares.

Su régimen jurídico de Seguridad Social se regula por normas propias, estructurados en Mutualidades y Sistemas de Clases Pasivas. Si bien, este sistema desaparece cara al futuro, según lo dispuesto por el Real Decreto-ley 13/2010, de 3 de diciembre, de actuaciones en el ámbito fiscal, laboral y liberalizadoras para fomentar la inversión y la creación de empleo, que supone la integración en el Régimen General de los funcionarios de nuevo ingreso en lo relativo a las clases pasivas: pensiones de jubilación, a favor de familiares. Así, quien haya ingresado como funcionario de carrera en una Administración a partir de 1 de enero de 2011 se encuentra encuadrado en el RGSS, mientras que los que ingresaron con anterioridad se integran en el Régimen Especial correspondiente.

– Estudiantes.

Los demás que determine el Ministerio por estimarlo necesario. De acuerdo con esta autorización (que ya existía en el artículo 10 de la Ley General de Seguridad Social de 1974), se configuraron los siguientes regímenes especiales:

– Trabajadores ferroviarios.

– Minería del Carbón.

– Artistas en espectáculos públicos.

- Jugadores profesionales de fútbol.

- Profesionales taurinos.

- Escritores de libros.

- Representantes de comercio.

Pese a la existencia de regímenes distintos de protección, la tendencia es a la homogeneidad de los regímenes especiales con el Régimen General, y a su integración en el mismo, debido a la tendencia a la unificación que ha de presidir la ordenación del sistema de Seguridad Social (art. 10.5 LGSS). Por dicho motivo, los reseñados sistemas especiales autorizados por autorización de 1974 han sido incluidos en el Régimen General como trabajadores asimilados, tal y como se verá en las siguientes páginas.

1.2. Régimen General

El Régimen general se encuentra regulado por el Título II de la LGSS (artículo 136 y ss.), y que no están incluidos en el campo de aplicación de un Régimen Especial. En este sentido, como regla general, se encuentran obligatoriamente incluidos en el Régimen General de la Seguridad Social los trabajadores por cuenta ajena o asimilados que presten sus servicios en las distintas ramas de la actividad económica, sea cual fuera la modalidad de la contratación, eventuales, de temporada o fijos, aún de trabajo discontinuo, incluidos los trabajadores a distancia (arts. 7.1 y 136.1 del LGSS).

Se parte, en primer lugar, del concepto de trabajador por cuenta ajena de los arts. 1 y 2 del Real Decreto Legislativo 2/2015, de 23 de octubre, por el que se aprueba el texto refundido de la Ley del Estatuto de los Trabajadores —ET— en sus diversas modalidades de contratación, con la edad mínima para trabajar (16 años, según el art. 6 ET) y cualquiera que sea la categoría profesional y el salario, el número de horas de trabajo, salvo que constituya actividad marginal y sea autorizada.

Junto a dicha designación genérica de los sujetos que quedan comprendidos dentro del ámbito de aplicación del Régimen General, el LGSS recoge una serie de inclusiones específicas con el fin de no dejar lugar a dudas o confusiones. Así, se declaran específicamente incluidos en el régimen general (art. 136.2 LGSS):

- Los trabajadores incluidos en el Sistema Especial para Empleados de Hogar y en el Sistema Especial para Trabajadores por Cuenta Ajena Agrarios, así como en cualquier otro de los sistemas especiales a que se refiere el artículo 11, establecidos en el Régimen General de la Seguridad Social.

- Trabajadores por cuenta ajena y socios trabajadores, incluso el personal directivo (con relación laboral por cuenta ajena de carácter especial) que forme parte del órgano administrador de la sociedad, siempre que no sean administradores ni consejeros, ni posean el control efectivo de la sociedad a través del capital social.

- Como asimilados a trabajadores por cuenta ajena, los consejeros y administradores de las sociedades de capital, siempre que no posean su control, cuando el desempeño de su cargo conlleve la realización de las funciones de dirección y gerencia de la sociedad, siendo retribuidos por ello o por su condición de trabajadores por cuenta de la misma. (Estos consejeros y administradores quedan excluidos de la protección por desempleo y FOGASA).

- Socios trabajadores de sociedades laborales, aun cuando sean miembros de su órgano de administración, si el desempeño de este cargo no conlleva la realización de las funciones de dirección y gerencia de la sociedad, ni posean su control.

- Como asimilados a trabajadores por cuenta ajena, los socios trabajadores de las sociedades laborales que, por su condición de administradores de las mismas, realicen funciones de dirección y gerencia de la sociedad, siendo retribuidos por ello o por su vinculación simultánea a la sociedad laboral mediante una relación laboral de carácter especial de alta dirección, y no posean su control. Estos socios trabajadores quedarán excluidos de la protección por desempleo y del Fondo de Garantía Salarial, salvo que el número de socios de la sociedad laboral no supere los veinticinco.

– Personal al servicio de notarías, registros de la propiedad y oficinas similares.

– Los trabajadores que realicen las operaciones de manipulación, empaquetado, envasado y comercialización del plátano, tanto si dichas labores se llevan a cabo en el lugar de producción del producto como fuera del mismo, ya provengan de explotaciones propias o de terceros y ya se realicen individualmente o en común mediante cualquier tipo de asociación o agrupación, incluidas las cooperativas en sus distintas clases.

– Las personas que presten servicios retribuidos en entidades o instituciones de carácter benéfico-social.

– Los laicos o seglares que presten servicios retribuidos en los establecimientos o dependencias de las entidades o instituciones eclesiásticas. Por acuerdo especial con la jerarquía eclesiástica competente se regulará la situación de los trabajadores laicos y seglares que presten sus servicios retribuidos a organismos o dependencias de la Iglesia y cuya misión primordial consista en ayudar directamente en la práctica del culto.

– Los conductores de vehículos de turismo al servicio de particulares.

– El personal civil no funcionario de las administraciones públicas y de las entidades y organismos vinculados o dependientes de ellas siempre que no estén incluidos en virtud de una ley especial en otro régimen obligatorio de previsión social.

– El personal funcionario al servicio de las administraciones públicas y de las entidades y organismos vinculados o dependientes de ellas, incluido su periodo de prácticas, salvo que estén incluidos en el Régimen de Clases Pasivas del Estado o en otro régimen en virtud de una ley especial.

- El personal funcionario a que se refiere la disposición adicional tercera (anteriormente clases pasivas), en los términos previstos en ella.

- Los funcionarios del Estado transferidos a las comunidades autónomas que hayan ingresado o ingresen voluntariamente en cuerpos o escalas propios de la comunidad autónoma de destino, cualquiera que sea el sistema de acceso.

- Los altos cargos de las administraciones públicas y de las entidades y organismos vinculados o dependientes de ellas, que no tengan la condición de funcionarios públicos.

- Los miembros de las corporaciones locales y los miembros de las Juntas Generales de los Territorios Históricos Forales, Cabildos Insulares Canarios y Consejos Insulares Baleares que desempeñen sus cargos con dedicación exclusiva o parcial.

- Cargos representativos de los sindicatos, que ejerzan funciones sindicales de dirección con dedicación exclusiva o parcial y percibiendo una retribución.

- Cualesquiera otras personas que, por razón de su actividad, sean objeto de la asimilación prevista en el apartado 1 mediante real decreto, a propuesta del Ministerio de Empleo y Seguridad Social. En este sentido, los supuestos de inclusión por asimilación, en el ámbito del Régimen General de la Seguridad Social son, entre otros:

- Funcionarios españoles al servicio de organizaciones internacionales que concierten el oportuno convenio especial para mantener la vinculación con el sistema de Seguridad Social español, a menos que el sujeto opte por incorporarse a la del país de residencia, si es posible. Lo mismo podrá hacer el personal al servicio de la administración española en el extranjero.

– Personal de investigación.

– Abogados con régimen laboral especial.

– Personal estatutario de los servicios de salud.

– Jugadores de fútbol.

– Trabajadores ferroviarios.

– Representantes de comercio.

– Artistas.

– Taurinos.

– Trabajadores sujetos a la relación laboral penitenciaria mediante sentencia condenatoria, a los exclusivos efectos de accidente de trabajo y enfermedad profesional.

1.2.1. Sistemas especiales

Junto a lo anterior, la LGSS en su art. 11 habla de Sistemas especiales. Se trata de peculiaridades que se establecen respecto a algunos regímenes y que no afectan a aspectos sustantivos o de contenido básico del régimen jurídico, sino a aspectos meramente formales como actos de encuadramiento, afiliación, forma de cotización o recaudación. De momento solo hay sistemas especiales en el régimen general, en actividades como:

– Sistema Especial de frutas, hortalizas e industria de conservas vegetales.

– Sistema Especial de la Industria Resinera.

– Sistema Especial de los servicios extraordinarios de hostelería.

– Sistema Especial de manipulado y empaquetado del tomate fresco, realizadas por cosecheros exportadores.

– Sistema Especial de trabajadores fijos discontinuos de cines, salas de baile y de fiesta y discotecas.

– Sistema Especial de trabajadores fijos discontinuos de empresas de estudio de mercado y opinión pública

- Sistema Especial Agrario.
- Sistema Especial para Empleados de Hogar.

1.2.2. Exclusiones

Por último, hay que señalar que de acuerdo con el artículo 137, están expresamente excluidos del campo de aplicación del régimen general:

- Quienes ocasionalmente realicen «Servicios amistosos, benévolos o de buena vecindad».

- Quienes realicen trabajos que den lugar a la inclusión en alguno de los regímenes especiales de la Seguridad Social (artículo 98 LGSS).

- Los profesores universitarios eméritos, de acuerdo con la ley de Universidades, y el personal sanitario licenciado emérito de acuerdo con el estatuto de los profesionales de salud.

- Salvo prueba en contrario, el cónyuge, los ascendientes, descendientes y demás parientes del empresario por consanguinidad o afinidad y, en su caso, por adopción hasta el segundo grado inclusive, ocupados en su centro o centros de trabajo, cuando convivan en su hogar y estén a su cargo. (Art. 12 LGSS). No obstante, el Estatuto del trabajador autónomo (disp. ad. 10.ª de la ley 20/2007), como excepción a esta regla general, permite al autónomo contratar como trabajador por cuenta ajena a un hijo menor de 30 años o mayor de esa edad con especiales dificultades para su inserción laboral, aunque conviva con él. Si bien, el encuadramiento no es pleno al excluir las prestaciones por desempleo.

- Trabajos marginales (art. 7.5. LGSS). Se consideran excluidas del sistema de seguridad social aquellas personas cuyo trabajo, en atención a su jornada y retribución se considere marginal y no constituya medio fundamental de vida. Esta exclusión ha de realizarse por decreto a petición de los sindicatos mayoritarios o del colegio oficial correspondiente. Mientras tanto, los trabajos marginales no están excluidos, sino que constituyen un supuesto de trabajo a tiempo parcial, normal o reducido, si reúne las notas de laboralidad, tanto en el régimen general como especiales, incluidos los empleados de hogar.

1.3. Pluriempleo y pluriactividad

Junto a lo anterior, téngase en cuenta que la inclusión en el sistema de la Seguridad Social puede tener lugar en el régimen general o en alguno de los regímenes especiales, o en los dos a la vez, si se trata de la realización de dos actividades que den lugar a la inclusión del sujeto en más de un régimen de la Seguridad Social (pluriactividad), bien simultáneamente, bien de modo sucesivo a lo largo de la vida profesional del trabajador. Asimismo, el trabajador puede también encontrarse en una situación de pluriempleo, que es la producida cuando realiza dos o más actividades encuadradas en un mismo régimen.

Con respecto a los socios trabajadores de Cooperativas de Trabajo, cabe señalar que, aunque con matices —siempre que no su cargo en la sociedad no conlleve la realización de funciones de dirección y gerencia, ni posean el control efectivo de la empresa—, pueden optar entre la asimilación a trabajadores por cuenta ajena, integrándose en el Régimen General o en el Régimen Especial que proceda, o la cobertura como trabajadores autónomos en el Régimen Especial correspondiente (RETA).

TEMA 4

ACTOS DE ENCUADRAMIENTO. RÉGIMEN GENERAL DE LA SEGURIDAD SOCIAL

1. Actos de encuadramiento. Inscripción del empresario, afiliación y alta del trabajador

La acción protectora de la Seguridad Social exige la existencia de una relación jurídica entre los sujetos incluidos en su campo de aplicación y el sistema.

En el caso de las prestaciones contributivas, dicha relación jurídica se basa en la técnica del aseguramiento, que se formaliza a través de los llamados actos de encuadramiento, como son: inscripción de empresas, afiliación, altas y bajas de los trabajadores.

En este sentido, la obligación de tramitar dichos actos de encuadramiento recae sobre el empresario (arts. 15 y ss. y 138 y ss. de la LGSS), junto con otras obligaciones, como la cotización, recaudación y comunicación de partes médicos, confirmación de bajas y altas en caso de IT) a través del sistema de Remisión Electrónica de Datos (Sistema RED, regulado por OESS/484/2013, de 26 de marzo, por la que se regula el Sistema de remisión electrónica de datos en el ámbito de la Seguridad Social).

En relación a estos actos encuadramiento cabe estar a lo dispuesto por el Real Decreto 84/1996, de 26 de enero, por el que se aprueba el Reglamento General sobre inscripción de empresas y afiliación, altas, bajas y variaciones de datos de trabajadores en la Seguridad Social.

1.1. La Inscripción de empresas

La inscripción es el acto administrativo por el que la Tesorería General de la Seguridad Social incluye a los empresarios que empleen trabajadores por cuenta ajena en el Régimen correspondiente, para su identificación y el control de sus obligaciones con la Seguridad Social.

Por lo que respecta a la normativa de Seguridad Social, el empresario, como requisito previo al inicio de la actividad profesional está obligado a solicitar su inscripción en el Régimen General de la Seguridad Social, haciendo, asimismo, constar la entidad gestora o colaboradora por las que opta para cubrir la protección de las contingencias profesionales y las comunes (Documento de Asociación).

La inscripción, pues, se trata de una obligación formal regulada por el art. 138 de la LGSS, según la cual los Empresarios, como requisito previo e indispensable a la iniciación de sus actividades, han de solicitar su inscripción en el régimen general (ante la Dirección Provincial de la TGSS o administración de la misma en cuyo ámbito radique el domicilio de la Empresa). En este sentido, la LISOS (art. 22.1) considera infracción grave de los empresarios el comienzo de su actividad sin haber solicitado la inscripción en la Seguridad Social.

La inscripción será única y válida en los regímenes de Seguridad Social que se determine, en todo el territorio nacional y para toda la vida de la persona física o jurídica titular de la empresa.

Al inscribirse, se asigna al empresario un número de inscripción único para el territorio nacional denominado código de cuenta de cotización (CCC). Solicitará tantas cuentas de cotización como actividades desarrolle en una provincia o modalidades de cotización tenga reconocidas.

Es el documento de identidad del empresario y debe conservarse durante 5 años. De ahí que el empresario deba comunicar la realización sobrevenida de actividades distintas y las variaciones que se produzcan en los datos facilitados al solicitar su inscripción, tales como: cambios de denominación, del domicilio, de la actividad económica, la entidad que vaya a cubrir los riesgos profesionales o la incapacidad temporal por causa común.

En el supuesto de que el empresario hubiera incumplido su obligación de inscripción, la TGSS procederá de oficio a realizar aquellas actuaciones que considere oportunas a efectos de comprobación.

Así pues, podríamos definir como notas características de la inscripción de la empresa:

- Obligatoria antes de iniciar la actividad.

- Única y válida para todo el territorio nacional.

- Vitalicia.

1.2. La afiliación del trabajador

La afiliación es un acto administrativo mediante el que la Tesorería General de la Seguridad Social (organismo competente) incorpora al Sistema de la Seguridad Social de un sujeto protegido, lo que le convierte en titular de derechos y obligaciones con la misma.

La afiliación, junto con los demás actos de encuadramiento, constituye título jurídico para la adquisición de los derechos de la Seguridad Social. Se regula en los arts. 15 y 16, para el sistema y 139 y ss. para el Régimen General. Por tanto, es un acto obligatorio para todas las personas comprendidas en el campo de aplicación, que implica el alta inicial del trabajador en el régimen de seguridad social que corresponda.

Los empresarios están obligados a solicitar la afiliación al Sistema de la Seguridad Social de los trabajadores que ingresen a su servicio, así como a comunicar dicho ingreso, y en su caso, el cese en la empresa, para que sean dados, respectivamente de alta y baja en el Régimen General. (art. 139.1 LGSS). La afiliación se solicitará en documento oficial o por cualquier medio electrónico, informático o telemático establecido, antes de la iniciación de la prestación de servicios del trabajador.

Si el empresario incumple con su obligación de solicitar la afiliación, sin perjuicio de las responsabilidades que dicho acto pudiera derivar (art. 2.1 LISOS lo tipifica como infracción grave), ésta puede producirse:

- A instancia del trabajador, presentando directamente la solicitud ante la dirección provincial de la TGSS o administración de la misma en cualquier momento posterior a la constatación del incumplimiento empresarial. (Art. 139.2 LGSS).

- A falta de una u otra solicitud, la tesorería procederá de oficio a afiliar al sujeto protegido, cuando compruebe el incumplimiento del deber de afiliar. (Art. 139.2 LGSS).

Asimismo, las altas solicitadas con posterioridad al inicio de la relación laboral no tendrán efecto retroactivo (art. 140.2 LGSS).

La afiliación del trabajador da lugar a la asignación de un Número de Afiliación a la Seguridad Social, de carácter vitalicio y único para todo el Sistema, en cualquier régimen, aunque luego se cambie de empresa o actividad.

La variación de datos posteriores debe notificarse en el plazo de los tres días naturales siguientes.

Así, según lo anterior, la afiliación cuenta con las mismas notas características que la inscripción de las empresas:

- Obligatoria para todas las personas físicas incluidas en el campo de aplicación de la Seguridad Social, antes de iniciar la actividad.
- Única y válida para todo el territorio nacional.
- Vitalicia.

1.3. El alta y sus variaciones

El alta es el acto administrativo mediante el cual la TGSS reconoce a la a persona que inicia una actividad o se encuentra en una situación conexa a la misma, su inclusión en el campo de aplicación del Régimen de la Seguridad Social que proceda en función de la naturaleza de la actividad o situación, con los derechos y obligaciones correspondientes.

Entre las características a señalar:

- El alta es obligatoria para las personas comprendidas en el Sistema de Seguridad Social en su modalidad contributiva.
- Puede ser inicial (cuando es la primera vez que el trabajador presta sus servicios) o sucesiva (cuando ya estaba previamente afiliado). Luego, no es vitalicia. Se extingue con el cese de la actividad, y vuelve a nacer con el reinicio del trabajo.
- No es única ni general para todos los Regímenes, sino que puede ser múltiple, pudiéndose realizar varias altas de forma simultánea o de forma sucesiva. Distinguiendo en este caso:
  » Pluriempleo. Realización de más de una actividad laboral, encontrándose todas encuadradas en el mismo Régimen (general o especial).

» Pluriactividad. Realización de más de una actividad laboral, encontrándose encuadradas en distintos Regímenes (general o especial).

Hay varias clases de altas: alta real, situación asimilada al alta, alta presunta o de pleno derecho y alta especial.

1.3.1. Alta real

Es alta real aquella que se produce con el ingreso en el trabajo y que se mantiene en tanto en cuanto el trabajador presta sus servicios.

El alta real es obligación del empresario, que habrá de comunicar a la TGSS el inicio de la prestación de servicios de los trabajadores de su empresa, para que sean dados de alta, con independencia de solicitar la afiliación de aquellos que no estén afiliados. Además, tendrá lugar esta obligación también cuando el trabajador sea trasladado a un centro de trabajo del mismo empresario situado en diferente provincia. Mientras que tal circunstancia no afecta a la afiliación, al alta sí: la empresa deberá darle de baja en la provincia de procedencia y procederá a darle de alta en la nueva.

La presentación por los sujetos obligados deberá hacerse con carácter previo al comienzo de la prestación de servicios por el trabajador, incluyendo el periodo de prueba, sin que en ningún caso puedan serlo antes de los 60 días naturales anteriores al previsto para la iniciación de la misma. La TGSS podrá excepcionalmente autorizar la presentación de las solicitudes de alta en plazos distintos.

Con independencia del momento en que la solicitud de alta sea presentada, comenzará a surtir efectos a partir del día en que se inicie la actividad.

La solicitud de alta debe contener los datos sobre el ejercicio de la actividad de que se trate, el nombre del empresario o razón social, el código de cuenta y el régimen de seguridad social aplicable. Respecto de los trabajadores sus datos personales, número de seguridad social, número de afiliación, fecha de inicio de la actividad, grupo de cotización y actividad económica u ocupación desempeñada a efectos del epígrafe de la tarifa de primas de accidentes de trabajo. Las solicitudes de alta deben ir firmadas por el empresario y por el trabajador.

El incumplimiento por los sujetos obligados de dar de alta constituye una infracción administrativa grave.

– Los trabajadores por cuenta ajena pueden instar directamente su alta en el Régimen General en caso de incumplimiento por parte de los empresarios de sus obligaciones al efecto.

– La TGSS, de oficio, ante el incumplimiento empresarial de la obligación de comunicar el alta, en los términos ya previstos para la afiliación.

En estos casos los efectos de la situación de alta no tendrán lugar a la fecha de la iniciación de los servicios, sino en el momento en que se produce la situación de alta real o cuando los hechos son conocidos por la TGSS.

El artículo 140.2 establece que las altas fuera de plazo no tendrán efecto retroactivo alguno, por lo que la regla general es que las altas que se hayan presentado con carácter previo surtirán sus efectos desde la fecha de inicio de la actividad, y el alta solicitada con posterioridad tendrá efectos retroactivos solamente si se ingresan las cuotas en plazo reglamentario, en cuyo caso retrotraerá sus efectos a la fecha del ingreso de las primeras cuotas. La Seguridad Social sólo asume la protección a partir de la fecha señalada, siendo la empresa incumplidora la responsable por los períodos de trabajo anteriores al alta, tanto de la cotización como de las prestaciones.

1.3.2. Situaciones asimiladas al alta

Son situaciones asimiladas al alta o alta asimilada aquellas que aparecen creadas y configuradas por el legislador para supuestos de suspensión de las actividades del trabajador o de extinción del contrato de trabajo en las cuales se produciría la baja en la relación de Seguridad Social y que, sin embargo, permiten mantenerla y proteger así al trabajador.

Tienen la consideración de situaciones asimiladas al alta determinados supuestos expresamente tipificados por la normativa, en los que, producido el cese temporal o definitivo de la actividad laboral, estima el legislador que debe conservarse la situación de alta en que se encontraba el trabajador con anterioridad al cese.

Los trabajadores que se encuentren en esta situación continuarán comprendidos en el campo de aplicación del Régimen de la Seguridad Social en que estuvieran encuadrados, aun cuando hubieren cesado en la prestación de servicios o en el desarrollo de la actividad determinante del encuadramiento en dicho Régimen.

De acuerdo con el artículo 36 del Real Decreto 84/1996, de 26 de enero, por el que se aprueba el Reglamento general sobre inscripción de empresas y afiliación, altas, bajas y variaciones de datos de trabajadores en la Seguridad Social, y el 166 de la LGSS, se consideran situaciones asimiladas al alta una serie de supuestos tasados. Estas situaciones son:

- La situación legal de desempleo total durante la que el trabajador perciba prestación por dicha contingencia será asimilada a la de alta a los efectos de causar derecho a las prestaciones (artículo 166.1 LGSS). La situación legal de desempleo, total y subsidiado, y la de paro involuntario una vez agotada la prestación, contributiva o asistencial, siempre que en tal situación se mantenga la inscripción como desempleado en la Oficina de Empleo.

- Tendrá la consideración de situación asimilada a la de alta, con cotización, salvo en lo que respecta a los subsidios por riesgo durante el embarazo y por riesgo durante la lactancia natural, la situación del trabajador durante el período correspondiente a vacaciones anuales retribuidas que no hayan sido disfrutadas por el mismo con anterioridad a la finalización del contrato (art. 166.2 LGSS).

- Trabajador desplazado. Es el trabajador que es trasladado por una empresa española para continuar desempeñando la actividad de manera temporal fuera del territorio nacional (art. 166.3 LGSS).

- Convenio especial con la Administración de la Seguridad Social y los demás que señale el Ministerio de Empleo y Seguridad Social, podrán ser asimilados a la situación de alta para determinadas contingencias, con el alcance y condiciones que reglamentariamente se establezcan (art. 166.3 LGSS).

- Excedencia forzosa. Motivada por la designación del trabajador para ocupar un cargo público o para ejercer funciones sindicales de ámbito provincial o superior que resulten incompatibles con la ejecución de la actividad laboral (arts. 45.1.k) y 46.1 ET).

- Excedencia para el cuidado de hijos, así como para el cuidado del cónyuge o pareja de hecho, o de un familiar hasta el segundo grado de consanguinidad y por afinidad, incluido el familiar consanguíneo de la pareja de hecho, que por razones de edad, accidente, enfermedad o discapacidad no pueda valerse por sí mismo, y no desempeñe actividad retribuida (art. 46.3 ET).

- La suspensión del contrato de trabajo por servicio militar o prestación social sustitutoria.

- Los períodos de inactividad entre trabajos de temporada.

- Suspensión del contrato determinada por situaciones de violencia de género.

- Los períodos de prisión sufridos como consecuencia de los supuestos contemplados en la Ley 46/1977, de 15 de octubre, de Amnistía, en los términos regulados en la Ley 18/1984, de 8 de junio.

- Para los colectivos de artistas y de profesionales taurinos, los días que resulten cotizados por aplicación de las normas que regulan su cotización, los cuales tendrán la consideración de días cotizados y en situación de alta, aunque no se correspondan con los de la prestación de servicios.

- En el Régimen Especial de Trabajadores por Cuenta Propia o Autónomos, el período de los noventa días naturales siguientes al último día del mes en que se produzca la baja en dicho régimen (Decreto 2530/1970, de 20 de agosto, por el que se regula el Régimen Especial de la Seguridad Social de los Trabajadores por cuenta propia o Autónomos). Esto, a excepción de la prestación de nacimiento y cuidado de menor, a la que sólo se puede acceder a través de una situación asimilada al alta si se encuentre precedida de una prestación de incapacidad temporal que finaliza como consecuencia del parto (criterio de gestión del INSS 5/2020, de 25 de febrero).

La mayoría de estas situaciones responden a situaciones en las que se ha producido un cese involuntario —temporal o definitivo— de la actividad laboral —salvo el traslado fuera del territorio nacional, en el que no se produce cese de la actividad—. Por regla general, las situaciones descritas anteriormente, se consideran situaciones asimiladas al alta y, por tanto, constituyen título jurídico suficiente para acceder a las prestaciones de la Seguridad Social. Si bien, cabe hacer matices con respecto a algunas prestaciones. Así:

- Con respecto a prestación de incapacidad temporal, nacimiento y cuidado de menor y riesgo durante el embarazo y lactancia. Se considera situación asimilada al alta: percepción de prestación por desempleo de nivel contributivo, traslado por empresa fuera del territorio nacional. Además, en el caso de la prestación de nacimiento y cuidado de menor también lo son las suspensiones del contrato de trabajo o reducción de la jornada por razones de conciliación laboral y familiar, en los mismos términos que para las prestaciones que se mencionarán a continuación (art. 237 LGSS).

- Prestación de incapacidad permanente, jubilación y muerte y supervivencia: situación legal de desempleo, mientras la perciba y una vez agotada, siempre que en tal situación se mantenga la inscripción como demandante de empleo; la excedencia forzosa y por razones de conciliación laboral y familiar (máximo 3 años); traslado de la persona trabajadora por la empresa fuera del territorio nacional; suscripción de convenio especial; períodos de inactividad entre trabajos de temporada; períodos de prisión por amnistía; situación de incapacidad temporal que subsista una vez extinguido el contrato de trabajo.

– A los efectos de la protección por desempleo: la excedencia forzosa por elección para un cargo público o sindical; el cumplimiento del servicio militar o la prestación social sustitutoria; el traslado o desplazamiento temporal por la empresa fuera del territorio nacional; el retorno de las personas trabajadoras emigrantes; la situación de invalidez provisional; la liberación por cumplimiento de condena o libertad condicional; la situación de las personas trabajadoras fijas discontinuas que no sean llamadas al reiniciarse la actividad correspondiente (art. 2 del Real Decreto 625/1985, de 2 de abril, por el que se desarrolla la Ley 31/1984, de 2 de agosto, de Protección por Desempleo).

Así, en los casos anteriores existe cese de actividad y una baja en el régimen de la Seguridad Social, con suspensión de la obligación de cotizar por parte de empresario y trabajador, pero se considera como si se estuviera de alta a efectos del acceso a las prestaciones.

Con respecto al supuesto de situación asimilada al alta del artículo 166.3. TRLGSS, el convenio especial, decir que es una institución que permite al trabajador, con carácter general, suscribir un acuerdo voluntario con la Tesorería General de la Seguridad Social con el fin de generar, mantener o ampliar, en determinadas situaciones, el derecho a las prestaciones de la Seguridad Social, y con la obligación de abonar a su exclusivo cargo, las cuotas que corresponden.

En otros casos, como en el convenio especial de empresas y trabajadores sujetos a expedientes de regulación de empleo que incluyan a trabajadores de 55 o más años y el convenio especial de cuidadores no profesionales de personas en situación de dependencia, la suscripción viene impuesta por la Dirección Provincial de trabajo, siendo los obligados al pago la empresa y el IMSERSO, respectivamente.

El convenio especial tiene como objeto la cobertura de las prestaciones correspondientes a invalidez permanente, muerte y supervivencia, derivadas de enfermedad común y accidente no laboral, jubilación.

Las personas que lo suscriban quedarán en situación de alta asimilada en el Régimen de Seguridad Social que corresponda. Lo pueden suscribir trabajadores y pensionistas que hayan causado baja en el régimen correspondiente, sin pasar a estar de alta en ningún otro.

Se les exige, como requisito general, tener cubierto un período mínimo de cotización de 1.080 días en los doce años inmediatamente anteriores a la baja en el Régimen de la Seguridad Social de que se trate.

Se regula en la Orden TAS/2865/2003, de 13 de octubre, que recoge diversas modalidades.

1.3.3. Alta presunta o alta de pleno derecho

Es alta presunta o alta de pleno derecho aquella situación en que existe actividad normal de trabajo y, por tanto, debería existir alta real, pero en la que el empresario ha incumplido sus obligaciones, ante lo cual el legislador otorga la protección automáticamente al trabajador, de manera que el trabajador no tenga que soportar las consecuencias del incumplimiento empresarial. No se trata tanto de una situación del contrato del trabajador o de la suspensión de sus actividades y demás vicisitudes de la relación laboral, sino del juego del requisito del alta dentro del esquema o régimen jurídico de protección de la Seguridad Social (principio de automaticidad de las prestaciones).

Regula este supuesto el artículo 166 de la LGSS en sus apartados 4, 5 y 6, en los que establece que «Los trabajadores comprendidos en el campo de aplicación de este

Régimen General se considerarán, de pleno derecho, en situación de alta a efectos de accidentes de trabajo, enfermedades profesionales y desempleo, aunque su empresario hubiera incumplido sus obligaciones. Igual norma se aplicará a los exclusivos efectos de la asistencia sanitaria por enfermedad común, maternidad y accidente no laboral» (166.4. LGSS).

El Gobierno, a propuesta del titular del Ministerio de Empleo y Seguridad Social y previa la determinación de los recursos financieros precisos podrá extender la presunción de alta a que se refiere el apartado anterior a alguna o algunas de las restantes contingencias reguladas en el presente título (166.5 LGSS).

Todo ello sin perjuicio de la obligación de los empresarios de solicitar el alta de sus trabajadores en el Régimen General, conforme a lo dispuesto en el artículo 139, y de la responsabilidad empresarial que resulte procedente.

1.4. Bajas y variaciones de datos

La baja es el acto administrativo mediante el cual la TGSS acuerda excluir a un trabajador del campo de aplicación de un régimen de la Seguridad Social en el que, por su actividad, estaba en alta.

La comunicación de baja puede realizarse a instancia de parte (empresario o trabajador) o de oficio. La comunicación de baja se ha de realizar en documento oficial o mediante telegrama, fax o cualquier otro medio electrónico, informático o telemático, y ha de dirigirse a la dirección provincial de la TGSS o administración de la misma en la que los trabajadores hayan sido dados de alta, en el plazo de los tres días naturales siguientes al del cese del trabajo. La LISOS recoge como infracción leve de los empresarios no comunicar en tiempo y formas las bajas de los trabajadores que cesen en el servicio a su empresa.

La baja surtirá efectos desde la fecha del cese en el trabajo, siempre que el trabajador no continúe trabajando.

Por tanto, no basta solo con la presentación formal, sino que se exige a la vez el requisito material del cese en el trabajo.

En este sentido, no tienen consideración de cese de actividad la incapacidad temporal, ni aquellas otras suspensiones del contrato en las que se mantenga la obligación de cotizar por parte del empresario.

El principal efecto de la solicitud de baja es la extinción de la obligación de cotizar. En los casos en que no se solicite la baja, o ésta se formule fuera de plazo y en modelo o medio distinto de los establecidos, dicha obligación no se extinguirá sino hasta el día en que la Tesorería conozca el cese o hasta el día en que se produzca la actuación inspectora o se reciban los documentos. No obstante, se admite prueba en contrario.

Por otra parte, cuando se hubiera producido la modificación de alguno de los datos transmitidos correspondientes a los trabajadores en alta en una empresa, el empresario está obligado a comunicar, en el plazo de los tres días naturales siguientes al que se produjo la variación, a la Dirección Provincial de la TGSS o administración de la misma en la que se solicitó el alta de aquellos, en modelo oficial a través de los medios técnicos autorizados. La TGSS puede autorizar plazos distintos.

TEMA 5

LA COTIZACIÓN. RÉGIMEN GENERAL DE LA SEGURIDAD SOCIAL

1. La cotización: concepto y régimen legal

La Cotización es una actividad en virtud de la cual los sujetos obligados contribuyen al sostenimiento de las cargas económicas de la Seguridad Social, aportando recursos al sistema. Sus elementos básicos son la base de cotización, el tipo de cotización y la cuota.

La cotización en el Régimen General de la Seguridad Social, que es la vía fundamental de la financiación de las prestaciones contributivas y de su gestión, corre a cargo de los trabajadores y de los empresarios por cuya cuenta trabajan, salvo para las contingencias de accidentes de trabajo y enfermedades profesionales, en las que la cotización corresponde exclusivamente a los empresarios.

1.1. La obligación de cotizar: sujetos obligados y sujetos responsables

Constituida pues, la con la relación de Seguridad Social a través de las llamadas obligaciones instrumentales (inscripción de empresas, afiliación y alta de los trabajadores) se genera la obligación de cotizar. A este respecto, es importante diferenciar el sujeto obligado (según el artículo 141.1 LGSS) con el sujeto responsable.

Sujetos obligados son aquellos sobre los que se extiende el deber legal de cumplir, de forma directa con la obligación de cotizar, cualquiera que sea el régimen de Seguridad Social. Son los llamados sujetos pasivos.

Con carácter general, serán sujetos obligados los empresarios y los trabajadores comprendidos en el campo de aplicación del Régimen General que realicen su actividad por cuenta de aquéllos, en la proporción que veremos más adelante. Así, hablamos de una doble aportación, la de trabajadores, llamada cuota obrera, y la de los empresarios, llamada cuota patronal. Si bien, las cuotas por Accidentes de Trabajo y Enfermedades Profesionales son de exclusivo cargo del empresario, así como la correspondiente al Fondo de Garantía Salarial.

El artículo 143 de la LGSS establece que «será nulo todo pacto individual o colectivo, por el cual el trabajador asuma la obligación de pagar, total o parcialmente, la cuota a cargo del empresario, incluida la correspondiente al Fondo de Garantía Salarial».

En cambio, son sujetos responsables aquellos que han de ingresar las aportaciones. En este sentido, y por lo que respecta al régimen general, la Ley General de la Seguridad Social hace responsable al empresario del ingreso de la propia aportación y de la de sus trabajadores. Para ello, el empresario retendrá el importe de la cuota del trabajador, en el momento de hacer efectivas las retribuciones a los trabajadores. Si no lo hace en ese momento, quedará obligado a ingresar la totalidad de las cuotas a su exclusivo cargo, sin poder hacerlo con posterioridad (artículo 142 LGSS).

Así pues, como regla general (se exceptúan los supuestos de convenio especial y situación de desempleo), el empresario es sujeto obligado respecto de sus aportaciones y sujeto responsable respecto del cumplimiento de la obligación de cotizar del trabajador, debiendo dar cumplimiento a través del pago de las aportaciones propias y las de sus trabajadores en su totalidad. Según esto, la entidad recaudadora no puede exigir la cotización al trabajador, sino sólo al empresario. De esta manera se evita un doble procedimiento de recaudación y se refuerzan las garantías de cobro ya que, en teoría, el empresario es el deudor más solvente.

Asimismo, el empresario, en los justificantes de pago de las retribuciones a los trabajadores, está obligado a informar de la cuantía total de la cotización a la Seguridad Social.

Puede ocurrir que el empresario efectúe el descuento en las retribuciones de los trabajadores y no ingrese la cuota a la Seguridad Social. En este caso, el empresario incurriría en una infracción administrativa de orden social y en su caso, penal (art. 23.1 LISOS y art. 307 del Código Penal).

1.1.1. Nacimiento y extinción de la obligación de cotizar

El nacimiento de la obligación de cotizar a los diferentes regímenes surge con el comienzo de la actividad profesional de las personas incluidas en su campo de aplicación o con el inicio de la situación relacionada con dicha actividad (art. 18.2 LGSS). La solicitud de afiliación o alta surtirá este efecto, presumiéndose iniciada la actividad o producida la situación, en la fecha de efectos indicada en la solicitud.

La obligación pues, nace en el momento de iniciación efectiva del trabajo (incluido el periodo de prueba art. 144.1 LGSS) y se prolongará mientras dure la relación laboral.

Si bien lo anterior, existen supuestos especiales en los que, aun faltando la prestación efectiva de trabajo, la ley exige que se mantenga la cotización, de manera que se garantice la viabilidad de la acción protectora. Subsistirá esta obligación:

- Incapacidad Temporal.

- Riesgo durante el embarazo.

- Riesgo durante la lactancia natural.

- Periodos de descanso por nacimiento y cuidado del menor.

- Cumplimiento de deberes públicos o desempeño de cargos sindicales siempre que no suponga una situación de excedencia en el trabajo.

- Convenio especial. En estos casos la totalidad de la cuota corre a cargo del sujeto protegido, salvo en el convenio especial de empresas y trabajadores sujetos a expedientes de regulación de empleo que incluyan a trabajadores de 55 o más años y el convenio especial de cuidadores no profesionales de personas en situación de dependencia, la suscripción viene impuesta por la Dirección Provincial de trabajo, siendo los obligados al pago la empresa y el IMSERSO, respectivamente.

- Traslado del trabajador por la empresa fuera del territorio nacional, salvo que se disponga lo contrario en la norma de coordinación de la Seguridad Social que resulte de aplicación.

- Vacaciones no disfrutadas y abonadas al extinguirse el contrato de trabajo.

- Situación de desempleo. Se mantiene la obligación de cotizar, si bien trasladada, en cuanto a la aportación empresarial, a la entidad gestora. (Art. 273.1 LGSS).

– Otras situaciones en las que se imponga el mantenimiento de la obligación de cotizar (alta sin remuneración computable en la base de cotización, permisos y licencias que no den lugar a excedencia).

La obligación de cotizar queda suspendida durante los períodos de huelga o cierre patronal [lo que no impide que el trabajador siga en situación de alta (alta especial)].

1.2. Contenido de la cotización

Existen diferentes conceptos por los que se produce la cotización a la Seguridad Social. Así:

– Contingencias comunes. Aportación destinada a la cobertura de las situaciones incluidas en el Régimen General de la Seguridad Social.

– Contingencias profesionales. Cubre los riesgos derivados de accidentes de trabajo y enfermedades profesionales producidas como consecuencia del trabajo por cuenta ajena. Se dividen en cuotas por incapacidad temporal (IT) y cuotas por Incapacidad permanente (IP), muerte y supervivencia (ISM). En este caso la financiación se produce sólo a cargo de la cuota patronal.

– Mecanismo de Equidad Intergeneracional. Cotización de carácter finalista (financiación de las pensiones) y temporal (desde 1 enero de 2023 hasta 2032).

– Otros conceptos (conceptos de recaudación conjunta): desempleo, Fondo de Garantía Salarial y formación profesional. La base de cotización para estos conceptos en todos los Regímenes de la Seguridad Social que tengan cubiertas las mismas, será la correspondiente a las contingencias de accidentes de trabajo y enfermedades profesionales. Los sujetos obligados a la cotización por desempleo y formación profesional son tanto el empresario como el trabajador. Sin embargo, con respecto al FOGASA el único sujeto obligado al pago es el empresario.

1.2.1. Bases de cotización

La base de cotización se configura como elemento fundamental del Sistema de Seguridad Social, ya que sobre ella se aplica el tipo o porcentaje para determinar la cuota a pagar, y de la misma se derivan los importes de las prestaciones a abonar por el Sistema a los sujetos incluidos en su campo de aplicación una vez accedan a aquellas.

La base de cotización para todas las contingencias y situaciones comprendidas en la acción protectora del Régimen General de la Seguridad Social, incluidas las de accidente de trabajo y enfermedad profesional, vendrá determinada por la remuneración total, cualquiera que sea su forma o denominación, que mensualmente tenga derecho a percibir el trabajador o asimilado o la que efectivamente perciba por razón del trabajo que realice por cuenta ajena, salvo las cuantías correspondientes a los conceptos no considerados computables en el número 2 del artículo 147 del Texto Refundido de la Seguridad Social.

Según lo anterior, no se computarán en la base de cotización mensual:

– Asignaciones por gastos de locomoción, manutención y estancia del trabajador que se desplace fuera de su centro habitual de trabajo para realizar el mismo en lugar distinto.

– Indemnizaciones por fallecimiento, traslado, suspensiones y despidos.

– Las prestaciones de la Seguridad Social y las mejoras de las prestaciones por incapacidad temporal concedidas por las empresas.

– Asignaciones por gastos de estudios dirigidos a la actualización, capacitación o reciclaje del personal a su servicio, cuando tales estudios vengan exigidos para el desarrollo de sus actividades o las características de los puestos de trabajo.

– Horas extraordinarias. No se computan con respecto a la cotización por contingencias comunes, pero sí para la cotización por accidentes de trabajo y enfermedades profesionales.

En la determinación de la cuota, la base de cotización es diferente según el concepto por el cual se cotice siendo, por tanto, distinta la base de cotización para contingencias comunes, contingencias profesionales u otros conceptos.

Así, a efectos de cotización por contingencias comunes, los trabajadores son encuadrados en grupos profesionales según su categoría, a los que se establecen unas bases mínimas y máximas de cotización para cada categoría. Asimismo, para evitar cotizaciones y prestaciones exorbitantes, puesto que las bases de cotización sirven como elemento de cálculo de las bases reguladoras de las prestaciones económicas, se establecen unos topes máximos y mínimos para las bases de cotización, establecidos en la Ley de Presupuestos Generales del Estado —LPGE—.

Con respecto a la determinación de la base de cotización por contingencias profesionales, cabe señalar que se calcula de forma similar a las contingencias comunes, incluida la existencia de topes máximos y mínimos para la base de cotización. Si bien, no existen bases máximas y mínimas por categorías profesionales.

1.2.2. Los tipos de cotización

Los tipos de cotización al Régimen General de la Seguridad Social se fijan anualmente a través de la LPGE, y son porcentajes a aplicar en función del tipo de contingencia.

1.2.3. La cuota

La cuota es el resultado de la aplicación de un porcentaje, denominado tipo de cotización, a una cantidad fijada en las normas aplicables a la cotización, denominada base de cotización, y de deducir, en su caso, el importe de las bonificaciones y/o reducciones que resulten aplicables, todos ellos establecidos anualmente por la correspondiente ley de presupuestos generales del Estado (arts. 19.1 LGSS).

Así, la cuota, o conjunto de cuotas, se calcula aplicando un tipo a la base de cotización que corresponda.

$$\text{Cuota} = \frac{\text{BASE} \times \text{TIPO}}{100}$$

1.2.4. Bonificaciones y reducciones

Las bonificaciones y reducciones son deducciones en la cuota que resultan de la aplicación de determinados importes o porcentajes a la misma y que tienen como finalidad la reducción de los costes de Seguridad Social de las empresas y la potenciación del acceso al mercado laboral de determinados colectivos considerados vulnerables como: jóvenes, desempleados que han alcanzado una determinada edad, minusválidos, discapacitados, víctimas de violencia de género, etc.; potenciar la estabilidad laboral, por ejemplo, con bonificaciones por contratos temporales que se transforman en contratos indefinidos o contratos a tiempo parcial que se transformen en jornada completa.

En el caso de las bonificaciones, la disminución de las cuantías a ingresar por la empresa se realiza a cargo del Servicio Público de Empleo Estatal, mientras que en las reducciones es a cargo de la TGSS.

Únicamente podrán obtener reducciones o bonificaciones en las cuotas de Seguridad Social y conceptos de recaudación conjunta, o cualquier otro beneficio en las bases, tipos y cuotas de la Seguridad Social, las empresas que se encuentren al corriente en el pago de las mismas en la fecha de su concesión.

La falta de ingreso en plazo reglamentario de las cuotas de la Seguridad Social y conceptos de recaudación conjunta, devengadas con posterioridad a la obtención de tales beneficios, dará lugar a la pérdida automática y definitiva de los mismos respecto de las cuotas correspondientes a períodos no ingresados en dicho plazo (Art. 17 del Reglamento General sobre Cotización y Liquidación de otros Derechos de la Seguridad Social), salvo que sea debida a error de la Administración de la Seguridad Social.

2. Deberes y responsabilidades del empresario. El cumplimiento de la obligación de cotizar: la gestión recaudatoria de las cuotas

Las Entidades Gestoras de la Seguridad Social son los entes de derecho público y capacidad jurídica que tienen a su cargo la gestión y administración de la Seguridad Social, bajo la dirección y tutela de los respectivos departamentos ministeriales, con sujeción a principios de simplificación, racionalización, economía de costes, solidaridad financiera y unidad de caja, eficacia social y descentralización (arts. 66 y 68 LGSS). En concreto, la gestión de la recaudación de las cuotas se lleva a cabo en exclusiva por la Tesorería General de la Seguridad Social, como caja única del Sistema de la Seguridad Social, bajo la dirección, vigilancia y tutela del Estado. (Art. 21.1 LGSS).

Tal competencia exclusiva no impide que la Tesorería pueda concertar la gestión recaudatoria con las administraciones estatal, autonómica y local, o con entidades privadas especialmente habilitadas de un modo temporal para ello.

La recaudación no es sino el acto de pago contemplado desde la perspectiva de la Tesorería, sea en vía voluntaria o ejecutiva. La extinción de la deuda puede, sin embargo, producirse por causas distintas del pago: condonación, transacción y arbitraje, compensación de deudas y prescripción (Las cuotas prescriben a los cuatro años de la fecha en que debieron ser ingresadas, según dice el artículo 24 de la LGSS).

En cualquier caso, habrá que estar a lo dispuesto por el Real Decreto 939/2005, de 29 de julio, por el que se aprueba el Reglamento General de Recaudación.

2.1. Recaudación voluntaria

El ingreso de las cuotas se efectuará por mensualidades vencidas dentro del mes siguiente al que corresponda su devengo. Las cuotas se ingresarán en las entidades financieras autorizadas para actuar como oficinas recaudatorias o directamente en la propia Tesorería. El empresario obligado al pago habrá de ingresar su cuota y la de sus trabajadores en metálico, por cheque, transferencia, etc., o por medios electrónicos, informáticos o telemáticos. Se pueden establecer plazos especiales como los previstos para los regímenes especiales o los autorizados por la propia TGSS en atención a las actividades especiales de la empresa, a las circunstancias de los trabajadores o, en fin, para facilitar el propio proceso recaudatorio. Estos plazos pueden ser superiores o inferiores al período fijado.

Los ingresos de cuotas habrán de ir acompañados de la transmisión informática o, en su caso, de la presentación de los documentos oficiales: El boletín de cotización (TC-1) en el que se consignan las bases, tipos y cuotas aplicadas, así como las prestaciones abonadas por el empresario en régimen de pago delegado, y la Relación nominal de trabajadores (TC-2) que incluye a los afectados por la cotización.

2.2. Aplazamiento del pago

Según el artículo 23 de la LGSS la Tesorería puede conceder aplazamiento de pago de las deudas por cuotas (y, en su caso, de recargos, intereses y costas) cuando aprecie, previa solicitud del empresario deudor que la situación económico-financiera de este último y demás circunstancias concurrentes le impiden efectuar el pago en los plazos fijados (art. 23.1 LGSS).

Esta concesión no puede alcanzar ni a las cuotas por accidentes de trabajo y enfermedades profesionales ni a las aportaciones correspondientes a los trabajadores.

El cumplimiento del aplazamiento comprenderá el principal de la deuda y, en su caso, los recargos, intereses y costas del procedimiento que fueran exigibles en la fecha de solicitud, sin que a partir de la concesión puedan considerarse exigibles otros, a salvo de lo que se dispone para el caso de incumplimiento.

Además, el cumplimiento del pago aplazado deberá asegurarse mediante garantías suficientes para cubrir el principal de la deuda, recargos, intereses y costas.

La concesión del aplazamiento, que se tendrá que resolver por parte de la Administración en el plazo máximo de 3 meses naturales desde la recepción de la solicitud, dará lugar al devengo de un interés exigible desde su concesión hasta la fecha de pago, conforme al tipo de interés legal del dinero vigente en cada momento (arts. 23.5 LGSS).

La duración total del aplazamiento no podrá exceder de 5 años. En cualquier caso, cuando concurran circunstancias de carácter extraordinario debidamente acreditadas podrá autorizarse la concesión de otro período superior.

En caso de incumplimiento de cualquiera de las condiciones o pagos del aplazamiento, se proseguirá, sin más trámite, el procedimiento de apremio que se hubiera iniciado antes de la concesión. A estos efectos, se entiende incumplido el aplazamiento en el momento en que el beneficiario deje de mantenerse al corriente en el pago de sus obligaciones con la Seguridad Social, con posterioridad a su concesión (art. 23.7 LGSS). En todo caso, los intereses de demora que se exijan serán los devengados desde el vencimiento de los respectivos plazos reglamentarios de ingreso.

Serán causa de denegación del aplazamiento:

– Cuando el solicitante ha incurrido en reiterados incumplimientos de aplazamientos anteriormente concedidos.

– Cuando al momento de la solicitud, hubiera sido ya autorizada la enajenación de bienes embargados.

– Cuando el importe de la deuda aplazable no supere el doble del SMI mensual vigente al momento de la solicitud.

2.3. Reclamación de deudas

Transcurrido el plazo reglamentario sin ingreso de las cuotas debidas procede la expedición de reclamación de deuda por parte de la Tesorería de la Seguridad Social en los siguientes supuestos (art. 33 LGSS):

– Falta de la cotización respecto de trabajadores en alta, cuando no se hubiesen presentado los documentos de cotización en plazo, o cuando, habiéndose presentado, contengan errores aritméticos o de cálculo.

– Falta de cotización respecto de trabajadores en alta que no consten en la documentación de cotización.

– Diferencia de importe entre las cuotas ingresadas y las que legalmente correspondan.

– Deudas por cuotas cuya liquidación no corresponda a la Inspección de Trabajo.

La reclamación comprende el importe de las cuotas debidas incrementado con los recargos que procedan, y se dirigirá al sujeto responsable y, en su caso, a los responsables subsidiarios y solidarios.

2.3.1. Reclamación en vía ejecutiva

El sujeto responsable incurre en incumplimiento cuando no liquida la deuda en periodo voluntario, dado que no paga ni dentro del plazo reglamentario ni en el nuevo que se le ha concedido por los actos recaudatorios. Procederá entonces el procedimiento coercitivo de pago (arts. 37 a 41 de la LGSS). Dicha vía ejecutiva tiene lugar a través de un procedimiento administrativo de apremio encomendado a las Unidades de Recaudación Ejecutiva de la Tesorería General de la Seguridad Social. El procedimiento se inicia mediante la emisión de providencia de apremio dictada por el director provincial de la TGSS, en la que se identificará la deuda pendiente con el correspondiente recargo. La providencia de apremio constituye el título ejecutivo suficiente para el inicio del procedimiento de apremio por parte de la Tesorería y tiene la misma fuerza ejecutiva que una sentencia judicial firme.

En su notificación se advertirá al sujeto responsable de que, si la deuda exigida no se ingresa dentro de los 15 días siguientes a su recepción, serán exigibles los intereses de demora devengados, y se procederá al embargo de los bienes. El deudor puede interponer recurso de alzada (que suspenderá el procedimiento hasta su resolución, sin necesidad de garantía) basado únicamente en motivos relacionados con el pago, la prescripción, el error material o aritmético, la condonación, el aplazamiento o la falta de notificación de la deuda. Para asegurar el cobro, la Tesorería puede adoptar medidas cautelares cuando existan indicios racionales de que, en otro caso, dicho cobro se verá gravemente dificultado o frustrado.

Las resoluciones y actos dictados por la Tesorería en materia de liquidación y gestión recaudatoria no son competencia de los órganos jurisdiccionales del orden social, sino que son impugnables mediante los recursos administrativos y contencioso- administrativos pertinentes.

TEMA 6

PRESTACIÓN POR INCAPACIDAD TEMPORAL. RÉGIMEN GENERAL DE LA SEGURIDAD SOCIAL

1. Concepto y situación protegida

El art. 169 de la LGSS no contiene una definición de lo que debe entenderse por Incapacidad Temporal (IT). No obstante, del contexto del citado artículo cabe deducir que se trata de una situación en la que una alteración de la salud, cualquiera que sea su causa, impide temporalmente la ejecución de la actividad laboral.

En consecuencia, la prestación económica por incapacidad temporal trata de cubrir la falta de ingresos que se produce cuando el trabajador, debido a una enfermedad o accidente, está imposibilitado temporalmente para trabajar y precisa asistencia sanitaria de la Seguridad Social, ya que será en esta asistencia donde el facultativo responsable valore dicha incapacidad, según la alteración de la salud y la actividad o puesto de trabajo de la persona. Es decir, no se valora la alteración de la salud en abstracto, sino respecto de las funciones a realizar por el trabajador en su puesto de trabajo que puedan resultar incompatibles.

El art. 169.1 de la LGSS establece las situaciones determinantes de la IT o situaciones protegidas por esta prestación, distinguiendo las siguientes:

- Las debidas a enfermedad, común o profesional, y a accidente, sea o no de trabajo, mientras el trabajador esté impedido para el trabajo y reciba asistencia sanitaria de la Seguridad Social.

- Los períodos de observación por enfermedad profesional, en los que se prescriba la baja en el trabajo durante los mismos.

Si bien, para hablar de la prestación de incapacidad temporal, además de producirse alguna de las contingencias anteriores, es necesario que se precise asistencia médica, en la que el facultativo responsable valore y determine la posible incapacidad del trabajador para el desempeño de su actividad laboral. En ese caso, emitirá un parte de baja, que iniciará la prestación de IT. Si bien, la incapacidad ha de ser presumiblemente transitoria, pues de lo contrario, la situación de incapacidad sería protegida por otra prestación diferente, como es la prestación de incapacidad permanente.

Según lo anterior, los elementos configuradores y necesarios de la prestación de IT son:

- Alteración de la salud.

- Asistencia médica.

- Incapacidad para el desempeño del trabajo habitual.

- Incapacidad presumiblemente transitoria.

Además, cabe tener en cuenta que, dependiendo de la calificación de la contingencia sufrida, como laboral o común, las entidades gestoras de la prestación difieren. Así, en el caso de las contingencias laborales la entidad gestora es el INSS o Entidad colaboradora (si empresario decide por suscribir Convenio de Asociación). En el caso de las contingencias comunes las entidades gestoras son el INSS y el Servicio Público de Salud.

2. Requisitos

Entenderemos como beneficiarios, en el marco del Régimen General de la Seguridad Social, a las personas que estén integradas en dicho régimen y que reúnan los siguientes requisitos:

• Estar afiliadas y en alta o en situación asimilada a la de alta en la fecha del hecho causante.

En este sentido, nos podemos encontrar con las siguientes especificaciones:

– Cuando derive de accidente de trabajo o enfermedad profesional, los trabajadores se considerarán de pleno derecho afiliados y en alta, aunque el empresario haya incumplido sus obligaciones (alta presunta).

– Se considera situación de alta especial la huelga legal o cierre patronal. En estas situaciones, el trabajador no tendrá derecho a percibir la prestación de IT derivada de enfermedad común o accidente no laboral que se inicie durante la huelga. Una vez finalizada la huelga, se inicia la prestación económica.

Se consideran situaciones asimiladas a la de alta:

– La percepción de la prestación por desempleo de nivel contributivo.

– Período de vacaciones no disfrutadas antes de finalizar un contrato.

– La situación de suspensión de empleo y sueldo por razones disciplinarias.

– El periodo de los salarios de tramitación que se origina durante la tramitación de un despido nulo, despido improcedente con readmisión o despido improcedente de un representante de los trabajadores.

– Traslado por la empresa fuera del territorio nacional.

– Convenio especial de diputados y senadores y de gobernantes y parlamentarios de Comunidades Autónomas.

• Período de carencia mínimo para la enfermedad común (art. 172 LGSS).

Tener un período mínimo cotizado de 180 días dentro de los 5 años inmediatamente anteriores al hecho causante, en caso de enfermedad común. Para alcanzar este periodo mínimo se tendrá en cuenta la cotización de la parte proporcional de pagas extraordinarias y días de vacaciones no disfrutadas antes de la finalización de un contrato, de modo que el concepto de días cotizados ha de quedar referido a días cuota y no a días naturales.

No se exige período previo de cotización en caso de accidente, sea o no de trabajo, y de enfermedad profesional. Tampoco en las situaciones especiales de incapacidad temporal debidas a la interrupción del embarazo o aquellas en que pueda encontrarse la mujer en caso de menstruación incapacitante secundaria.

En la situación especial de gestación de la mujer trabajadora desde el día primero de la semana trigésima novena, se exigen los siguientes períodos mínimos de cotización:

– Si la trabajadora tiene menos de veintiún años en el momento del inicio del descanso no se exigirá período mínimo de cotización.

– Si la trabajadora tiene cumplidos veintiún años y es menor de veintiséis en el momento del inicio del descanso, el período mínimo de cotización exigido será de noventa días cotizados dentro de los siete años inmediatamente anteriores al momento de inicio del descanso. Se considerará cumplido el mencionado requisito si, alternativamente, acredita ciento ochenta días cotizados a lo largo de su vida laboral, con anterioridad a esta última fecha.

– Si la persona trabajadora tiene cumplidos veintiséis años en la fecha del inicio del descanso, el período mínimo de cotización exigido será de ciento ochenta días cotizados dentro de los siete años inmediatamente anteriores al momento de inicio del descanso. Se considerará cumplido el mencionado requisito si, alternativamente, acredita trescientos sesenta días cotizados a lo largo de su vida laboral, con anterioridad a esta última fecha.

En los contratos a tiempo parcial, desde el 1 de octubre de 2013, de acuerdo con lo dispuesto en el art. único.26 del Real Decreto-ley 2/2023, de 16 de marzo, de medidas urgentes para la ampliación de derechos de los pensionistas, la reducción de la brecha de género y el establecimiento de un nuevo marco de sostenibilidad del sistema público de pensiones, a efectos de acreditar los períodos de cotización necesarios para causar derecho a las prestaciones de jubilación, incapacidad permanente, muerte y supervivencia, incapacidad temporal y nacimiento y cuidado de menor se tendrán en cuenta los distintos períodos durante los cuales el trabajador haya permanecido en alta con un contrato a tiempo parcial, cualquiera que sea la duración de la jornada realizada en cada uno de ellos.

3. Duración

El subsidio se abonará mientras el beneficiario se encuentre en situación de incapacidad temporal (IT) y tendrá una duración de:

- En caso de accidente o enfermedad, cualquiera que sea su causa, 365 días prorrogables por otros 180 días cuando se presuma que, durante ellos, el trabajador pueda ser dado de alta médica por curación. Por tanto, la duración máxima será de 545 días.

- En caso de períodos de observación por enfermedad profesional, 6 meses prorrogables por otros 6 cuando se estime necesario para el estudio y diagnóstico de la enfermedad.

A efectos del período máximo de duración y de su posible prórroga, se computarán los de recaída y de observación.

3.1. Prórrogas

El reconocimiento de la prórroga de IT desde el día 365 de IT en adelante (hasta un máximo de 180 días) será competencia exclusiva del Instituto Nacional de la Seguridad Social (INSS). Así, transcurridos este período, la inspección médica del Instituto Nacional de la Seguridad Social será la única competente para emitir el alta médica por curación, por mejoría que permita la reincorporación al trabajo, con propuesta de incapacidad permanente o por incomparecencia injustificada a los reconocimientos médicos convocados por dicha entidad gestora (Resolución de 16 de enero de 2006).

La prórroga se reconocerá exclusivamente por el tiempo en el que se estime que puede producirse la curación, con un máximo de 180 días. Si el plazo estimado de curación supera los 180 días, no procederá la prórroga y sí la iniciación de expediente de Incapacidad Permanente (IP), aun cuando las secuelas invalidantes no sean definitivas.

Concedida la prórroga y culminado el período de IT de 545 días, se examinará necesariamente, en el plazo máximo de 3 meses, el estado del incapacitado a efectos de su calificación, en el grado de incapacidad permanente que corresponda. No obstante, en aquellos casos en los que, continuando la necesidad de tratamiento médico por la expectativa de recuperación o la mejora del estado del trabajador, con vistas a su reincorporación laboral, la situación clínica del interesado hiciera aconsejable demorar la citada calificación, ésta podrá retrasarse por el período preciso, sin que en ningún caso se puedan rebasar los 720 días naturales sumados los de IT y los de prolongación de sus efectos.

Así, los escenarios que se puede producir a partir de los 365 días, a decidir y controlar exclusivamente por la Inspección Médica del INSS, son:

- Alta médica. Si tras un reconocimiento médico, la inspección médica del INSS considera que el trabajador ha recuperado su capacidad laboral, emitirá el parte de alta por curación o mejoría.

– Continuación de la prórroga hasta un máximo de 180 días.

– Propuesta de IP. Cuando el médico inspector del INSS considere que las lesiones que presenta el trabajador pueden ser constitutivas de una IP.

3.2. Recaídas

En lo que respecta a las recaídas, en lenguaje médico, una recaída es aquella situación en la que un paciente se ve afectado, durante el periodo de convalecencia de una enfermedad, nuevamente por los síntomas de la misma. Es distinto este concepto al de recidiva, que se define como aquel momento en el que el paciente cree que ya está curado (después de la convalecencia) y, sin embargo, vuelve a aparecer la enfermedad.

A los efectos de la prestación por incapacidad, se considera recaída cuando entre dos procesos de IT no ha transcurrido un período de actividad laboral superior a 180 días y se trata de la misma enfermedad o patología. Se trata, en suma, de caer nuevamente enfermo de la misma dolencia que motivó la baja inicial, o proceso directamente relacionado con la misma, aunque presente distinta manifestación.

Si se trata de una enfermedad distinta o si ha transcurrido un período de actividad laboral superior a 180 días, se considera un nuevo proceso de IT.

Por último, hay que señalar que, frente a cualquiera de estas resoluciones administrativas referidas a la duración de la prestación, el trabajador podrá:

– Interponer reclamación administrativa por disconformidad mediante procedimiento previsto en art. 3 RD 1.430/2009, de 11 de septiembre, que desarrolla la Ley 40/2007, 4 de diciembre, de medidas en materia de Seguridad Social e incapacidad temporal.

– Reclamación judicial. Art. 71 y 40 Ley 36/2011 reguladora de la Jurisdicción Social.

4. Abono de la prestación

El abono de la prestación depende de la calificación de la contingencia como profesional o común.

4.1. Sujeto obligado al pago

• Contingencia común.

– Se abonará desde el 4.º día a partir de la baja. Período de espera de 3 días, a cargo del trabajador. Mecanismo anti-absentismo.

– Día 4-15. La prestación la abona el empresario.

– Día 16 en adelante. Abono por la Entidad Gestora.

• Contingencia Profesional:

Abono por entidad gestora: INSS/Entidad colaboradora, desde el día siguiente al de la baja. El día de la contingencia corre a cargo del empresario.

Todo ello, salvo mejora por Convenio Colectivo o contrato de trabajo.

4.2. Cálculo

En cuanto a la fórmula para su cálculo, como en todas las prestaciones, la cuantía se calcula a través de una base reguladora, sobre la que se aplica un porcentaje. Según esto:

– Base reguladora. Cálculo sobre la base de cotización correspondiente del mes natural anterior a la fecha de inicio de la IT (si es contingencia común se coge la base de cotización de contingencias comunes. Si es contingencia laboral, se coge la base de cotización de contingencias laborales). Excepción: que la IT se produzca el mismo mes de incorporación del trabajador a la empresa o mes anterior no se haya cotizado (se toma la del mes de contingencia).

– En este sentido, es preciso tener en cuenta que, en el caso de las contingencias profesionales, la base cotización incluirá las horas extraordinarias. Cosa que no ocurre cuando la contingencia es común. Ahora bien, estas horas extras no son las del mes anterior, sino el promedio de las cotizadas en los doce meses inmediatamente anteriores a la fecha de inicio de la IT. Para ello, se divide el total de cotizaciones por horas extras del año anterior, por 360 o 365 días, dependiendo de si la retribución es mensual o diaria.

– División de base de cotización en días, según las siguientes reglas:

» Si el trabajador ha cotizado todo el mes anterior (supuesto habitual), la base de cotización será dividida en 30 días, con independencia del número de días que tenga el mes.

» En los casos en los que no se ha estado dado de alta todo el mes, la base de cotización se dividirá por los días cotizados.

– Porcentaje. Nuevamente, dependerá de la calificación de la contingencia como común o profesional.

» Contingencia común.

▪ Día 1-3. A cargo del trabajador. Medida anti-absentismo.

▪ Día 4-20. 60 % de base reguladora.

▪ Día 21 en adelante. 75 % base reguladora.

» Contingencia profesional.

▪ Día de la baja. A cargo de la empresa.

▪ Desde el día siguiente. 75 % base reguladora.

En ambos casos, salvo mejora por Convenio Colectivo o contrato de trabajo.

5. Pérdida, suspensión y extinción del derecho

El derecho puede ser denegado, anulado o suspendido por:

- Actuación fraudulenta del beneficiario para obtener o conservar el subsidio.
- Trabajar por cuenta propia o ajena.
- Rechazar o abandonar el tratamiento sin causa razonable.
- Incomparecencia del beneficiario a cualquiera de las convocatorias realizadas por los médicos adscritos al Instituto Nacional de la Seguridad Social y a las Mutuas Colaboradoras con la Seguridad Social para examen y reconocimiento médico producirá la suspensión cautelar del derecho, al objeto de comprobar si aquella fue o no justificada.

Por su parte, el derecho se extingue por:

- El transcurso del plazo máximo de 545 días naturales desde la baja médica.
- Alta médica por curación o mejoría que permita realizar el trabajo habitual o por declaración de incapacidad permanente.
- El reconocimiento de la pensión de jubilación.
- Incomparecencia injustificada del beneficiario en los mismos términos ya descritos para la suspensión.
- Fallecimiento.

TEMA 7

PRESTACIÓN POR INCAPACIDAD PERMANENTE. RÉGIMEN GENERAL DE LA SEGURIDAD SOCIAL

1. Concepto y situación protegida

El sistema de la Seguridad Social otorga protección a aquellos beneficiarios que, como consecuencia de una alteración de la salud, han quedado definitivamente, en alguna medida, incapacitados para el trabajo. O, en el caso de la modalidad no contributiva, esta alteración de la salud sea constitutiva de un grado de invalidez.

Así, por ejemplo, referido a la modalidad contributiva, la LGSS en su art. 193 define la incapacidad permanente en su modalidad contributiva como «la situación del trabajador, que después de haber estado sometido al tratamiento prescrito, presenta reducciones anatómicas o funcionales graves, susceptibles de determinación objetiva y previsiblemente definitivas, que disminuyan o anulen su capacidad laboral. No obstará a tal calificación la posibilidad de recuperación de la capacidad laboral del inválido, si dicha posibilidad se estima médicamente como incierta o a largo plazo».

Además, la incapacidad permanente habrá de derivarse de la situación de incapacidad temporal, salvo que afecte a quienes carezcan de protección en cuanto a dicha IT, bien por encontrarse en una situación asimilada al alta que no la comprenda, bien en los supuestos de asimilación a trabajadores por cuenta ajena en los que se dé la misma circunstancia, o bien en los casos de acceso a la IP desde la situación de no alta.

2. Grados

El artículo 194.1 LGSS establece que «la incapacidad permanente, cualquiera que sea su causa determinante, se clasificará en función del porcentaje de reducción de la capacidad de trabajo del interesado, valorado de acuerdo con la lista de enfermedades que se apruebe reglamentariamente».

Asimismo, el artículo 194.2 establece que «la calificación de la incapacidad se determinará en función del porcentaje de reducción de la capacidad de trabajo que reglamentariamente se establezca, teniéndose en cuenta la incidencia de la reducción de la capacidad en el desarrollo de la profesión que ejercía el interesado antes de producirse el hecho causante de la incapacidad permanente». Por tanto, se entenderá por profesión habitual, la desempeñada por el trabajador al sufrir la contingencia.

Por su parte, el art. 194 del LGSS define los distintos grados de incapacidad permanente de la siguiente forma:

- Incapacidad permanente parcial para la profesión habitual

  Aquella que, sin alcanzar el grado de total, ocasiona al trabajador una disminución no inferior al 33 % en su rendimiento normal para dicha profesión, sin impedirle la realización de las tareas fundamentales de la misma.

- Incapacidad permanente total para la profesión habitual

La que inhabilita al trabajador para la realización de todas o de las fundamentales tareas de dicha profesión, siempre que pueda dedicarse a otra distinta. Además, el reconocimiento de esta incapacidad es perfectamente compatible con la realización de otra actividad o profesión, incluso dentro de la misma empresa, siempre que no resulte incompatible con la alteración de la salud que ocasionó el reconocimiento de la prestación.

– Incapacidad permanente absoluta para todo trabajo

La que inhabilita por completo al trabajador para toda profesión u oficio.

– Gran invalidez

Pueden alcanzar este grado el trabajador afecto de incapacidad permanente que, como consecuencia de las deficiencias, previsiblemente permanentes, de carácter físico o psíquico, congénitas o no, que anulen o modifiquen su capacidad física, psíquica o sensorial, necesite la asistencia de otra persona para los actos más esenciales de la vida como vestirse, desplazarse, comer o análogos.

Cada uno de estos grados en que se clasifica la incapacidad permanente dará derecho, en su caso, a la correspondiente prestación económica.

3. Dinámica de la prestación

3.1. Calificación y revisión

La calificación de los grados de incapacidad permanente, a los efectos del reconocimiento de las prestaciones económicas contributivas compete al INSS, a través del Equipo de Valoración Médica (EVI) (art. 200.1 LGSS), que procederá a declarar el grado de incapacidad permanente y la contingencia causante de la misma, o las alteraciones que determinen la revisión de la incapacidad declarada. Estas declaraciones se formularán a propuesta de los equipos de valoración de incapacidades de la dirección provincial del INSS correspondiente.

Las calificaciones de incapacidad permanente son revisables siempre que el beneficiario no hubiere cumplido la edad de jubilación (excepto que dicha incapacidad derive de enfermedad profesional, en cuyo caso no hay limitación de edad) en los casos de agravación, mejoría, error de diagnóstico o realización de trabajos por cuenta ajena o propia del pensionista.

De hecho, toda resolución, inicial o de revisión, por la que «se reconozca el derecho» a las prestaciones de incapacidad permanente, en cualquiera de sus grados, o «se confirme el grado reconocido previamente», hará constar necesariamente el plazo a partir del cual se podrá instar la revisión por agravación o mejoría. Si la resolución que reconoce la IP establece un plazo de revisión igual o inferior a dos años, el trabajador tendrá derecho a la reserva de su puesto de trabajo. Si el plazo de revisión fuese mayor, la declaración de la IP conlleva la extinción de la relación laboral.

La finalidad del procedimiento de revisión es determinar la permanencia o modificación del grado de incapacidad inicialmente reconocido, con las consecuencias económicas que procedan. Asimismo, al margen del plazo de revisión establecido en la resolución inicial que reconozca el derecho a la IP, se procederá a la misma cuando:

– Realización, por parte del pensionista de incapacidad permanente, de cualquier trabajo, ya sea por cuenta ajena o propia. El Instituto Nacional de la Seguridad Social podrá, de oficio o a instancia del propio interesado, promover la revisión, con independencia de que haya transcurrido o no el plazo señalado en la resolución.

– Error de diagnóstico. La revisión puede llevarse a cabo en cualquier momento, en tanto que el interesado no haya cumplido la edad establecida para acceder a la pensión de jubilación.

– Si concurren nuevas dolencias.

La revisión puede dar lugar a los siguientes efectos:

– Confirmación del grado de incapacidad.

– Modificación del grado de incapacidad y, en consecuencia, de la prestación.

– Extinción de la incapacidad y, en consecuencia, de la pensión.

4. IP contributiva

4.1. Requisitos

A tenor de lo dispuesto en el artículo 195 LGSS son requisitos para acceder a la prestación en su modalidad contributiva:

– Ser un sujeto incluido en el campo de aplicación del Artículo 7.

– Afiliación y alta en el momento de sobrevenir la contingencia.

– En el caso de que la incapacidad derive de enfermedad común:

– No tener la edad prevista en el apartado 1a) del artículo 205 de la LGSS en la fecha del hecho causante o no reunir los requisitos exigidos para acceder a la pensión de jubilación.

– Período de carencia mínima, general y específica, que dependerá del grado de incapacidad permanente y de la edad del beneficiario, teniendo en cuenta que no se tendrán en cuenta, a estos efectos, las fracciones de edad inferiores a 6 meses; si son superiores, se consideran equivalentes a medio año. Los períodos de cotización resultantes serán objeto de redondeo, despreciándose, en su caso, las fracciones de mes. Así:

- IP parcial: Tener cubierto un período previo de cotización, si la incapacidad deriva de enfermedad común: De 1800 días de cotización comprendidos en los 10 años inmediatamente anteriores a la fecha en que se haya extinguido la incapacidad temporal de la que derive la incapacidad permanente.

- IP total, absoluta e invalidez. El período de cotización exigido varía en función de la edad del interesado:

  » Si es menor de 31 años:

    - Período genérico de cotización: la tercera parte del tiempo transcurrido entre la fecha en que cumplió los 16 años y la del hecho causante.

    - Período específico de cotización: no se exige

  » Si tiene 31 o más:

    - Período genérico de cotización: un cuarto del tiempo transcurrido entre la fecha en que cumplió los 20 años y la del hecho causante, con un mínimo, en todo caso, de 5 años.

    - Período específico de cotización: un quinto del período de cotización exigible debe estar comprendido en los 10 años inmediatamente anteriores al hecho causante.

- IP absoluta e invalidez, si el sujeto causante no se encontrara en situación de alta o asimilada al alta en el momento de producirse la contingencia, existen reglas especiales en cuanto al período de carencia exigidos:

  » Carencia genérica de 15 años.

  » Carencia específica de 3 años en los últimos 10.

Todo ello, teniendo en cuenta que existen unas reglas de cómputo:

- Si la incapacidad permanente surge tras haberse extinguido la incapacidad temporal de la que deriva, bien por agotamiento del plazo, bien por alta médica con propuesta de incapacidad permanente, el hecho causante se entiende producido en la fecha de la extinción de la incapacidad temporal.

- Si la incapacidad permanente no está precedida de incapacidad temporal o ésta no se ha extinguido, el hecho causante se entiende producido en la fecha de emisión del dictamen-propuesta del Equipo de Valoración de Incapacidades (EVI).

4.2. Cuantía

4.2.1. Incapacidad permanente parcial

La prestación consiste en una indemnización a tanto alzado.

La cuantía de la indemnización es igual a 24 mensualidades de la base reguladora que sirvió para el cálculo del subsidio de incapacidad temporal del que se deriva la incapacidad permanente.

En los supuestos en que no existiera incapacidad temporal previa, por carecer de tal protección el beneficiario, se tomará como base reguladora la que hubiera correspondido por incapacidad temporal, de haber tenido derecho a dicha prestación.

Se abona en un pago único, y está sujeta a tributación en los términos establecidos en las normas reguladoras del Impuesto sobre la renta de las personas físicas (IRPF) y sometida, en su caso, al sistema general de retenciones a cuenta del impuesto.

4.2.2. Incapacidad permanente total

La prestación económica por incapacidad permanente total (IPT) consiste en una pensión vitalicia mensual, que puede ser sustituida excepcionalmente por una indemnización a tanto alzado cuando el beneficiario fuese menor de 60 años, de acuerdo con una escala. Así, desde 72 mensualidades a los 54 años, hasta las 12 mensualidades a los 59 años (Orden de 31 de julio de 1972).

En el caso de que el beneficiario tenga menos de esta edad de 54 al momento de formular la petición, la cuantía de la indemnización será equivalente al importe de 84 mensualidades de la pensión.

Las reglas para el cálculo de la base reguladora varían según la contingencia de la que derive la incapacidad total. Así:

• **Contingencia profesional**

– Salario diario más antigüedad, multiplicado por 365 días.

– Importe de las pagas extraordinarias.

– Cociente que resulte de dividir la suma de los complementos salariales percibidos por el interesado en el año anterior al hecho causante, entre el número de días realmente trabajados por aquél en el mismo periodo, multiplicado por 273, salvo que el número de días laborales efectivos en la actividad de que se trate sea menor, en cuyo caso se aplicará el multiplicador que corresponda.

Gráficamente la fórmula de la base reguladora sería la siguiente:

$$BR = (SBA \times 365) + PE + (SCS: DT \times 273)$$

Siendo: BR: Base reguladora, SBA: Salario base y antigüedad, PE: Pagas extraordinarias, SCS: Suma complementos salariales del año anterior, DT: Días trabajados.

• **Contingencia común**

– Si deriva de una enfermedad común. La base reguladora será el cociente que resulte de dividir por 112 las bases de cotización de los ocho años inmediatamente anteriores (96 meses).

– Si deriva de un accidente no laboral. La BR será el cociente que resulte de dividir por 28 la suma de las bases de cotización del interesado durante un período ininterrumpido de 24 meses. Dicho período será elegido por el beneficiario dentro de los 7 años inmediatamente anteriores a la fecha del hecho causante de la pensión.

4.2.3. Incapacidad permanente absoluta

Se aplican las mismas reglas que en la incapacidad permanente total para determinar la base reguladora.

La prestación es una pensión vitalicia del 100 % de la base reguladora correspondiente.

4.2.4. Gran Invalidez

La base reguladora se calcula igual que en la total o absoluta y en función de la causa determinante.

La prestación será la misma que la de Incapacidad permanente absoluta, esto es una pensión vitalicia del 100 % de la base reguladora, incrementándose la pensión en un porcentaje destinado a remunerar a la persona que atienda al inválido.

Será el resultado de sumar el 45 % de la base mínima de cotización vigente en el Régimen General en el momento del hecho causante, cualquiera que sea el régimen en el que se reconozca la pensión, y el 30 % de la última base de cotización del trabajador correspondiente a la contingencia de la que derive la situación de incapacidad permanente. En ningún caso, este complemento podrá tener un importe inferior al 45 % de la pensión percibida —sin el complemento— por el trabajador.

5. IP no contributiva

Como ya se ha dicho, en la modalidad no contributiva podrán ser constitutivas de invalidez las deficiencias, previsiblemente permanentes, de carácter físico o psíquico, congénitas o no, que anulen o modifiquen la capacidad física, psíquica o sensorial de quienes las padecen. Esto, siempre y cuando se cumpla con los siguientes requisitos (art. 363 LGSS):

- – Tener dieciocho o más años y menos de sesenta y cinco.

- – Residir en territorio español y haberlo hecho durante un período de cinco años, de los cuales dos han de ser consecutivos e inmediatamente anteriores a la fecha de la solicitud.

- – Grado de discapacidad igual o superior al 65 %.

- – Carecer de ingresos suficientes. Si se convive con familiares, se establece un baremo según ingresos y número de convivientes.

La cuantía de esta pensión se fija anualmente en los PGE. Esto teniendo en cuenta que, si la discapacidad reconocida es de al menos el 75 %, junto a la cuantía declarada por los PGE, se tendrá derecho a un complemento del 50 %.

La gestión corresponde a las entidades gestoras de Servicios Sociales de las CCAA que tengan asumida tal competencia.

6. Lesiones permanente no invalidantes

Son las lesiones causadas por AT/EP, de carácter definitivo que, sin llegar a constituir una IP, suponen una disminución o alteración de la integridad del trabajador, y aparecen recogida en un baremo establecido a tal efecto que darán derecho al trabajador a recibir una indemnización (Orden ISM/450/2023, de 4 de mayo, por la que se actualizan las cantidades a tanto alzado de las indemnizaciones por lesiones, mutilaciones y deformidades de carácter definitivo y no incapacitantes).

TEMA 8

PRESTACIONES RELACIONADAS CON EL NACIMIENTO Y CUIDADO DE MENOR. RÉGIMEN GENERAL DE LA SEGURIDAD SOCIAL

1. Prestación de nacimiento y cuidado de menor

Estas prestaciones económicas tratan de cubrir la pérdida de rentas del trabajo o de ingresos que sufren el trabajador, cuando se suspende su contrato o se interrumpe su actividad para disfrutar de los períodos de descanso relacionados con la maternidad, paternidad, adopción, la guarda con fines de adopción y el acogimiento familiar de un menor de seis años. Por tanto, las situaciones protegidas o contingencias son el nacimiento, adopción, guarda y acogimiento familiar.

No obstante, es preciso indicar que, referido al nacimiento, su interpretación ha de realizarse en sentido amplio ya que, aunque se produzca el fallecimiento del feto se tiene derecho a disfrutar íntegramente de la prestación. Esto, siempre y cuando haya permanecido en el seno materno al menos 180 días.

Además, es preciso indicar que se trata de una prestación a la que se puede acceder a través de una doble vía, la contributiva y la no contributiva, aunque en este último caso, sólo respecto de la madre biológica.

1.1. Modalidad contributiva

1.1.1. Duración

Lo relativo al contenido de la prestación, duración y forma del disfrute de las prestaciones relacionadas con el nacimiento se regulada conjuntamente en el artículo 48.4 del ET, ya que se trata de una de las causas que permiten la suspensión del contrato de trabajo. Artículo que fue modificado por el RD-Ley 6/2019, de 1 de marzo, de medidas urgentes para garantía de la igualdad de trato y de oportunidades entre mujeres y hombres en el empleo y la ocupación. Asimismo, los apartados 5-9 del mismo artículo. De hecho, fue a partir de este RD cuando su nomenclatura cambió, de las anteriores prestaciones de maternidad y paternidad, a la actual prestación de nacimiento y cuidado de menor, unificándose en esta el disfrute de la prestación tanto para la madre biológica como para el otro progenitor.

Con carácter general, el subsidio tendrá una duración de 16 semanas, que se ampliará en determinados supuestos:

- Parto múltiple se amplía en 2 semanas más por cada hijo, a partir del segundo. Entendiendo que existe el mismo cuando el número de nacidos sea igual o superior a dos.

- Discapacidad del recién nacido en grado igual o superior al 33 %. Ampliable por 2 semanas más.

- Hospitalización del recién nacido. Cuando por parto prematuro o cualquier causa, el hijo deba permanecer hospitalizado a continuación del parto por un periodo superior a siete días, el periodo de suspensión se ampliará en tantos días como el nacido se encuentre hospitalizado, con un máximo de 13 semanas adicionales.

El periodo de descanso se disfrutará durante 16 semanas, de las cuales, las 6 semanas ininterrumpidas inmediatamente posteriores al nacimiento son de carácter obligatorio (y a jornada completa), quedando el disfrute del tiempo restante a opción del beneficiario, que puede decidir disfrutarlo o no y, en su caso, una vez transcurridas las primeras seis semanas inmediatamente posteriores al nacimiento, podrá distribuirlo en períodos semanales, a disfrutar de forma acumulada o interrumpida, hasta que el hijo o la hija cumpla doce meses, teniendo en cuenta que este período podrá disfrutarse en régimen de jornada completa o de jornada parcial, previo acuerdo entre la empresa y la persona trabajadora.

En los casos de parto prematuro y en aquellos en que, por cualquier otra causa, el neonato deba permanecer hospitalizado a continuación del parto, el período de suspensión podrá computarse, a instancia de la madre biológica o del otro progenitor, a partir de la fecha del alta hospitalaria y no del nacimiento. Se excluyen de dicho cómputo las seis semanas posteriores al parto, de suspensión obligatoria del contrato de la madre biológica.

Para el disfrute de la prestación, la persona trabajadora deberá comunicar a la empresa, con una antelación mínima de quince días, el ejercicio de este derecho en los términos establecidos, en su caso, en los convenios colectivos. Cuando los dos progenitores que ejerzan este derecho trabajen para la misma empresa, la dirección empresarial podrá limitar su ejercicio simultáneo por razones fundadas y objetivas, debidamente motivadas por escrito.

Asimismo, en el caso de la madre biológica, se podrá anticipar su ejercicio hasta cuatro semanas antes de la fecha previsible del parto. Además, recuérdese que, aunque se produzca el fallecimiento del feto más allá de los 180 días en el seno materno, se tiene derecho al disfrute íntegro de la prestación. Igualmente, si el fallecimiento se produce tras el nacimiento, salvo que la persona beneficiaria solicite su reincorporación a la actividad laboral, que sólo podrá realizarse más allá de las 6 primeras semanas obligatorias.

Se trata de un derecho individual de la persona trabajadora, sin que pueda transferirse su ejercicio al otro progenitor, salvo en caso de fallecimiento de la madre biológica. En este caso, el otro progenitor puede disfrutar la totalidad de la prestación o, en su caso, de la parte restante.

Todo lo anterior resulta también de aplicación para los casos de acogimiento legal o adopción, teniendo en cuenta que en los casos de adopción internacional el disfrute de la prestación podrá iniciarse hasta cuatro semanas antes de la resolución por la que se constituye la adopción. En este caso, el cómputo del tiempo se inicia inmediatamente después de la resolución judicial por la que se constituye la adopción, o bien de la decisión administrativa de guarda con fines de adopción o de acogimiento.

1.1.2. Requisitos

A efectos del subsidio contributivo, serán beneficiarias las personas incluidas en el campo de aplicación del Régimen General, cualquiera que fuera su sexo, que disfruten de los períodos de descanso señalados anteriormente, siempre que acrediten los requisitos exigidos (art. 178.1 LGSS).

En cuanto a los requisitos exigidos para causar derecho a la prestación:

– Estar afiliados y en alta o en situación asimilada al alta.

– Tener cubierto un período mínimo de cotización de:

» Si la persona trabajadora tiene menos de 21 años en la fecha del nacimiento o en la fecha de la decisión administrativa o judicial de acogimiento o de la resolución judicial por la que se constituye la adopción, no se exigirá período mínimo de cotización.

» Si la persona trabajadora tiene cumplidos entre 21 y 26 años en la fecha del parto o en la fecha de la decisión administrativa o judicial de acogimiento o de la resolución judicial por la que se constituye la adopción:

- 90 días dentro de los 7 años inmediatamente anteriores al momento del inicio del descanso o, alternativamente,

- 180 días cotizados a lo largo de su vida laboral con anterioridad a dicha fecha.

» Si la trabajadora es mayor de 26 años en la fecha del parto o en la fecha de la decisión administrativa o judicial de acogimiento o de la resolución judicial por la que se constituye la adopción:

- 180 días dentro de los 7 años inmediatamente anteriores al momento del inicio del descanso o, alternativamente,

- 360 días cotizados a lo largo de su vida laboral con anterioridad a dicha fecha.

En el supuesto de parto y con aplicación exclusiva a la madre biológica, la edad indicada en los apartados anteriores será la que tenga cumplida en el momento de inicio del descanso, tomándose como referente el momento del parto a efectos de acreditar el período mínimo de cotización que, en su caso, corresponda.

Si la trabajadora hubiera iniciado el período de descanso antes del parto y, habiéndose reconocido el derecho al subsidio tomando como referente la fecha probable del parto, una vez producido éste, no acreditara el período mínimo de cotización exigido, se extinguirá el subsidio reconocido por vía contributiva y se procederá a su reconocimiento (en su caso) por vía no contributiva.

Por último, hay que señalar que con respecto a la maternidad biológica también se configura la prestación de maternidad en vía no contributiva. En este caso, serán beneficiarias las trabajadoras por cuenta ajena o por cuenta propia que, en caso de parto, reúnan todos los requisitos establecidos para acceder a la prestación por maternidad, salvo el período de cotización exigido.

1.1.3. Cuantía

La prestación económica consiste en un subsidio equivalente al 100 % de la base reguladora correspondiente, que será la equivalente a la establecida para la prestación por IT derivada de contingencias comunes, tomando como referencia la fecha del inicio del descanso. Si la persona trabajadora está percibiendo la prestación por desempleo, la base reguladora será la de la prestación por desempleo.

Extinguido legalmente el contrato mientras se esté disfrutando de la prestación, se continuará cobrando ésta hasta su extinción, generando en este momento situación legal de desempleo para pasar a cobrar el desempleo, si reúne el resto de los requisitos. En estos casos, no se descontará del desempleo el tiempo que medie entre la extinción del contrato y la finalización de la maternidad o paternidad.

En el supuesto de que sea a la inversa y se esté cobrando la prestación por desempleo en el momento de producirse la contingencia de la prestación de nacimiento y cuidado de menor, se suspende aquella y se comienza a cobrar ésta. Finalizada la prestación de nacimiento y cuidado de menor, se reanudará la prestación por desempleo con el tiempo restante que quedara por percibir, sin que se entienda consumido periodo alguno.

En caso de parto múltiple y de adopción o acogimiento de más de un menor, realizados de forma simultánea, se concederá un subsidio especial por cada hijo o menor acogido, a partir del segundo, igual al que corresponda percibir por el primero, durante el período de 6 semanas inmediatamente posteriores al parto o, cuando se trate de adopción o acogimiento, a partir de la decisión administrativa o judicial de acogimiento o de la resolución judicial por la que se constituya la adopción.

1.1.4. Gestión

La entidad gestora para el reconocimiento de esta prestación y de su pago es el INSS o ISM, en su caso.

1.2. Modalidad no contributiva

Junto a la vía contributiva, existe también otra de carácter no contributiva, aunque sólo respecto de la maternidad biológica, y siempre y cuando se cumpla con el requisito relativo a la afiliación y alta o situación asimilada al alta en el momento de la contingencia, pero no con el período de carencia mínimo. Así, y dado los reducidos períodos de carencia exigidos para la vía contributiva, se trata de una vía de acceso de carácter muy residual.

En cuanto a su duración y cuantía, la prestación económica consiste en un subsidio cuya cuantía del 100 % del IPREM, al que se tendrá derecho a partir del día del parto y con una duración de 42 días naturales a contar desde el parto, ampliable 14 naturales más en los siguientes supuestos:

- Nacimiento de hijo en una familia numerosa o en la que, con tal motivo, adquiera dicha condición, de acuerdo con lo dispuesto en la Ley 40/2003, de 18 de noviembre, de protección a las familias numerosas.

- Nacimiento y cuidado de menor de hijo en una familia monoparental, entendiendo por tal la constituida por un solo progenitor con el que convive el hijo nacido y que constituye el sustentador único familiar.

- Parto múltiple, entendiendo que existe el mismo cuando el número de nacidos sea igual o superior a dos.

- Discapacidad de la madre o del hijo en un grado igual o superior al 65 por ciento.

El incremento de la duración es único, sin que proceda su acumulación cuando concurran dos o más circunstancias de las señaladas.

2. Prestación de riesgo durante el embarazo y lactancia natural

Reguladas en los Artículos 186 y ss. de la LGSS, estas prestaciones económicas tratan de cubrir la pérdida de ingresos que se produce cuando la actividad laboral realizada por la trabajadora entraña un riesgo para la salud de la trabajadora embarazada o sobre el embarazo/feto (prestación de riesgo durante el embarazo) o sobre el feto a través de la lactancia (prestación de lactancia natural).

En este caso, la trabajadora es declarada en situación de suspensión del contrato de trabajo por riesgo durante el embarazo o durante la lactancia natural de un menor de 9 meses, siempre y cuando, no sea posible realizar la readaptación del puesto de trabajo por otro compatible con su estado.

No se considerará situación protegida la derivada de riesgos o patologías que puedan influir negativamente en la salud de la trabajadora o del feto, cuando no esté relacionada con agentes, procedimientos o condiciones de trabajo del puesto desempeñado. Por tanto, se trata de una contingencia exclusivamente profesional.

Las personas beneficiarias de la prestación pueden ser personas trabajadoras por cuenta ajena y socias trabajadoras de sociedades cooperativas o laborales, en situación de suspensión de contrato o permiso por riesgo durante el embarazo o lactancia natural, siempre que estén afiliadas y en alta en la fecha en que se inicie la suspensión.

En lo que respecta a la duración de las prestaciones, se disfrutarán en tanto exista el riesgo y, en el caso de la prestación de riesgo durante la lactancia, hasta que el lactante alcance los 9 meses.

En cuanto a su cuantía, la prestación económica consiste en un subsidio equivalente al 100 % de la base reguladora correspondiente, que será la equivalente a la que esté establecida para la prestación de incapacidad temporal (IT) derivada de contingencias profesionales, tomando como referencia la fecha en que se inicie la suspensión del contrato.

Por su parte, la gestión de ambas prestaciones, al ser de naturaleza profesional, corresponde a la entidad gestora o Mutua colaboradora, en su caso.

3. Prestación de corresponsabilidad en el cuidado del lactante

A efectos de la prestación económica por ejercicio corresponsable del cuidado del lactante, se considera situación protegida la reducción de la jornada de trabajo de media hora para el cuidado del lactante (art 37.4 ET), por parte de los dos progenitores, adoptantes, guardadores con fines de adopción o acogedores de carácter permanente. Esto, siempre y cuando ambos trabajen y reduzcan esta jornada en la misma duración y régimen para el cuidado del lactante desde los nueve hasta los doce meses.

La acreditación del ejercicio corresponsable del cuidado del lactante se realizará mediante certificación de la reducción de la jornada por las empresas en que trabajen sus progenitores, adoptantes, guardadores o acogedores.

Para su reconocimiento, se exigirán los mismos requisitos y en los mismos términos y condiciones que los establecidos para la prestación por nacimiento y cuidado de menor. En el caso de que concurran en ambos progenitores, adoptantes, guardadores con fines de adopción o acogedores de carácter permanente, el derecho a percibirla solo podrá ser reconocido a favor de uno de ellos.

En lo que respecta a la prestación económica, su cuantía equivalente al 100 por ciento de la base reguladora establecida para la prestación de incapacidad temporal derivada de contingencias comunes, y en proporción a la reducción que experimente la jornada de trabajo.

TEMA 9

JUBILACIÓN

1. Situación protegida

La prestación por jubilación es una prestación económica asociadas a una determinada edad. Teniendo en cuenta que, dependiendo de su modalidad, como prestación contributiva o no contributiva, se encuentra asociada a otros requisitos.

Así, en su modalidad contributiva, que es la vía de acceso más habitual, cubre la pérdida de ingresos que sufre una persona cuando, alcanzada la edad establecida, cesa en la actividad laboral, poniendo fin a su vida laboral, o reduce su jornada de trabajo y su salario en los términos legalmente establecidos.

Será única para cada beneficiario y consiste en una prestación económica vitalicia que será reconocida al beneficiario en las condiciones, cuantía y forma que se determinen legal y reglamentariamente cuando habiendo alcanzado la edad legalmente establecida se cese o se haya cesado en el trabajo. Se regula en los arts. 204 a 215 de la LGSS.

La gestión y el reconocimiento del derecho corresponden al Instituto Nacional de la Seguridad Social (INSS) o, si se trata de trabajadores incluidos en el campo de aplicación del Régimen Especial del Mar, al Instituto Social de la Marina (ISM).

Junto a lo anterior, resulta preciso advertir que el supuesto habitual es el de la llamada jubilación ordinaria. Si bien, existen otras modalidades de jubilación contributiva, cuyos elementos diferenciadores son los requisitos de acceso de edad y período de cotización.

Por otra parte, es preciso tener en cuenta que, a efectos de compatibilidad, la regla general es la incompatibilidad entre la prestación y el desempeño de la actividad laboral. No obstante, existen excepciones como es el caso de la jubilación parcial y la jubilación activa.

Así, las modalidades de jubilación contributiva son:

– Jubilación ordinaria.

– Jubilación anticipada (existen diversos tipos).

– Jubilación flexible.

– Jubilación parcial.

– Jubilación activa.

Los requisitos comunes a todas a ellas son:

– Alta o situación asimilada al alta.

– Período cotización.

– Edad.

2. Jubilación ordinaria

2.1. Requisitos

La prestación de jubilación se reconocerá a los trabajadores por cuenta ajena, afiliados y en alta o situación asimilada al alta que reúnan los siguientes requisitos (art. 205.1 LGSS):

– Condición general exigida por el artículo 165.1 LGSS para las prestaciones (estar afiliado, en alta o alta asimilada en la Seguridad Social).

– Acreditar un período de carencia.

– Haber cumplido la edad ordinaria de jubilación.

2.1.1. Período de carencia

Existen dos tipos de periodo de cotización:

– Genérico, período mínimo de 15 años de cotización efectiva (es decir, 5.475 días).

– Específico, tener cubierto un período mínimo de cotización de quince años, de los cuales al menos dos deberán estar comprendidos dentro de los quince años inmediatamente anteriores al momento de causar el derecho, sin que, a estos efectos se tengan en cuenta la parte proporcional correspondiente a las pagas extraordinarias.

2.1.2. Edad

Para acceder a la jubilación se exige haber cumplido 67 años o 65 años, dependiendo de si a esta última edad se acredita el período de carencia mínimo fijado a tales efectos por la norma, sin incluirse la parte proporcional correspondiente a las pagas extraordinarias. Además, tomándose para el cómputo sólo los años y meses de cotización completos, sin que se equiparen a un año o un mes las fracciones (art. 205.1.a LGSS).

En cualquier caso, es fundamental precisar que estas edades de jubilación y período de cotización mínimo se encuentran en un proceso de transición y aumento gradual en los términos siguientes (DT 7.ª LGSS):

AÑO	PERÍODOS COTIZADOS	EDAD LEGAL
2013	35 años y 3 meses o más.	65 años.
	Menos de 35 años y 3 meses.	65 años y 1 mes.

AÑO	PERÍODOS COTIZADOS	EDAD LEGAL
2014	35 años y 6 meses o más.	65 años.
	Menos de 35 años y 6 meses.	65 años y 2 meses.
2015	35 años y 9 meses o más.	65 años.
	Menos de 35 años y 9 meses.	65 años y 3 meses.
2016	36 o más años.	65 años.
	Menos de 36 años.	65 años y 4 meses.
2017	36 años y 3 meses o más.	65 años.
	Menos de 36 años y 3 meses.	65 años y 5 meses.
2018	36 años y 6 meses o más.	65 años.
	Menos de 36 años y 6 meses.	65 años y 6 meses.
2019	36 años y 9 meses o más.	65 años.
	Menos de 36 años y 9 meses.	65 años y 8 meses.
2020	37 o más años.	65 años.
	Menos de 37 años.	65 años y 10 meses.
2021	37 años y 3 meses o más.	65 años.
	Menos de 37 años y 3 meses.	66 años.

AÑO	PERÍODOS COTIZADOS	EDAD LEGAL
2022	37 años y 6 meses o más.	65 años.
	Menos de 37 años y 6 meses.	66 años y 2 meses.
2023	37 años y 9 meses o más.	65 años.
	Menos de 37 años y 9 meses.	66 años y 4 meses.
2024	38 o más años.	65 años.
	Menos de 38 años.	66 años y 6 meses.
2025	38 años y 3 meses o más.	65 años.
	Menos de 38 años y 3 meses.	66 años y 8 meses.
2026	38 años y 3 meses o más.	65 años.
	Menos de 38 años y 3 meses.	66 años y 10 meses.
A partir del año 2027	38 años y 6 meses o más.	65 años.
	Menos de 38 años y 6 meses.	67 años.

Fuente: elaboración propia a partir de la disposición transitoria séptima de la LGSS.

A efectos de la determinación de la edad de acceso a la pensión de jubilación, el cómputo de los meses se realizará de fecha a fecha a partir de la correspondiente al nacimiento; y cuando en el mes del vencimiento no hubiera día equivalente a la inicial del cómputo, se considerará que el cumplimiento de la edad tiene lugar el último día del mes.

A partir de 2027 los parámetros fundamentales del sistema se revisarán por las diferencias entre la evolución de la esperanza de vida a los 67 años de la población en el año en que se efectúe la revisión y la esperanza de vida a los 67 años en 2027; debiéndose efectuar dichas revisiones utilizando a este fin las previsiones realizadas por los organismos oficiales competentes.

Cabe la posibilidad de que, en determinados supuestos, el beneficiario pueda anticipar su edad de jubilación (reducciones de la edad ordinaria, jubilación anticipada, jubilación parcial, etc.).

2.2. Contenido de la prestación

La prestación por jubilación es fundamentalmente de naturaleza económica y su forma es de pensión vitalicia (art. 204 de la LGSS).

El importe de dicha pensión estará en función de dos elementos básicos: base reguladora y porcentaje variable en función de los años de cotización del beneficiario.

2.2.1. Base reguladora

Desde el año 2022, la base reguladora de la pensión por jubilación será el cociente que resulte de dividir por 350 las bases de cotización del beneficiario durante los 300 meses inmediatamente anteriores al mes previo al del hecho causante (art. 209.1 LGSS). Así, de acuerdo con la D.T. 8.ª LGSS se ha producido un aumento gradual desde los 16 años exigibles en el año 2013 hasta las cifras actuales.

Además, junto al sistema anterior, el Real Decreto-ley 2/2023, de 16 de marzo, de medidas urgentes para la ampliación de derechos de los pensionistas, la reducción de la brecha de género y el establecimiento de un nuevo marco de sostenibilidad del sistema público de pensiones establece dos opciones a partir del 1 de enero de 2026, a elegir por el pensionista (art. único.40):

- 25 últimos años (periodo de cómputo actual) o
- Los 29 últimos años de carrera, descartando los 2 peores años (24 meses), cuya implantación se realizará de manera manual hasta 2037, según lo siguiente:

AÑO	N.º. computables meses /Divisor	Años computables
2026	302 (mayores BC) de 304	
	Últimos meses / 352,33	25,16 de 25,33
2027	304 (mayores BC) de 308	
	Últimos meses / 354,57	25,33 de 25,66
2028	306 (mayores BC) de 312	
	Últimos meses / 357	25,5 de 26
2029	308 (mayores BC) de 316	
	Últimos meses / 359,33	25,66 de 26,33
2030	310 (mayores BC) de 320	
	Últimos meses / 361,67	25,83 de 26,66
2031	312 (mayores BC) de 324	
	Últimos meses / 364	26 de 27

AÑO	N.º. computables meses /Divisor	Años computables
2032	314 (mayores BC) de 328	
	Últimos meses / 366,33	26,16 de 27,33
2033	316 (mayores BC) de 332	
	Últimos meses / 368,67	26,33 de 27,66
2034	318 (mayores BC) de 336	
	Últimos meses / 371	26,5 de 28
2035	320 (mayores BC) de 340	
	Últimos meses / 373,33	26,66 de 28,33
2036	322 (mayores BC) de 344	
	Últimos meses / 375,67	26,83 de 28,66
2037	324 (mayores BC) de 348	
	Últimos meses / 378	27 de 29

Fuente: elaboración propia a partir del Real Decreto-ley 2/2023

Las bases de cotización de los 24 meses inmediatamente anteriores al mes previo al del hecho causante se toman por su valor nominal. Las restantes bases de cotización se actualizarán de acuerdo con la evolución del Índice de Precios al Consumo (IPC) desde el mes a que aquéllas correspondan hasta el mes inmediato anterior a aquél en que se inicie el período a que se refiere el párrafo anterior. Hay que destacar que, para evitar de posibles fraudes que pretendan un incremento indebido de la pensión de jubilación futura, no se computarán los incrementos de las bases de cotización producidas en los 2 últimos años, que sean superiores al incremento medio interanual derivado de disposiciones legales o de los Convenios Colectivos.

2.2.2. Porcentaje

En cuanto a los porcentajes a aplicar sobre la base reguladora, el sistema es:

– Por los primeros 15 años cotizados: el 50 por 100.

– A partir del año 16.°, hasta el año 2026, por cada mes adicional de cotización comprendidos entre los meses 1 y 49 se añadirá el 0,21 por 100, y por los 209 restantes el 0,189 por 100, sin que el porcentaje aplicable a la base reguladora supere el 100 por 100.

En cualquier caso, estos últimos porcentajes también vienen siendo objeto de una modificación progresiva de manera que, a partir de 2027, por cada mes adicional de cotización entre los meses 1 y 248, se aplicará el 0,19 por 100, y por los 16 meses restantes, el 0,18 por 100. (D.T. 9.ª LGSS),

Como excepción se establece que cuando se acceda a la pensión de jubilación a una edad superior a la que resulte de la aplicación en cada caso de lo establecido en el art. 205.1.a) LGSS, siempre que al cumplir esta edad se hubiera reunido el período mínimo de cotización establecido, se reconocerá al interesado un porcentaje adicional por cada año completo cotizado entre la fecha en que cumplió dicha edad y la del hecho causante de la pensión, cuya cuantía estará en función de los años de cotización acreditados en la primera de las fechas indicadas y las reglas previstas en el art. 210.2 LGSS).

3. Jubilación no contributiva

El derecho a la pensión de jubilación no contributiva se reconocerá a aquellas personas que acrediten los siguientes requisitos (arts. 369.1 LGSS):

– Haber cumplido la edad de 65 años.

– Residir legalmente en territorio español durante 10 años entre la edad de 16 años y la del devengo de la pensión, de los cuales 2 deben ser consecutivos e inmediatamente anteriores a la fecha de la solicitud de la pensión.

– Carecer de rentas o ingresos suficientes: existen rentas o ingresos insuficientes cuando los que disponga o se prevea que va a disponer el interesado, en cómputo anual, de enero a diciembre, sean inferiores a la cuantía, también en cómputo anual, de las pensiones no contributivas de la Seguridad Social que se fije en la correspondiente Ley de presupuestos generales del Estado, con independencia de la situación económica del resto de los componentes de la unidad familiar.

TEMA 10

DESEMPLEO

1. Situación protegida

La prestación de desempleo es una de las prestaciones de Seguridad Social expresamente mencionadas en el art. 41 de la Constitución como protección ante esta situación de necesidad para todos los ciudadanos lo que obliga a impulsar prestaciones de desempleo asistenciales que vengan a completar el modelo contributivo.

De acuerdo con el art. 262 de la LGSS se entiende por desempleo protegido la situación de «quienes pudiendo y queriendo trabajar pierdan el empleo o vean suspendido su contrato o reducida su jornada ordinaria de trabajo, en los términos previstos en el artículo 267».

El reconocimiento de la prestación implica tanto la percepción de una cantidad económica como el abono de las cotizaciones correspondientes a dicho período, que serán abonadas por el Servicio Público de Empleo. Por tanto, se trata de una situación asimilada al alta, cotizable para las prestaciones que así lo reconozcan.

Además, podemos diferenciar dos niveles de desempleo (art. 263):

– El nivel contributivo, que proporciona prestaciones que tienen como finalidad sustituir las rentas que se han dejado de percibir como consecuencia del cese en el trabajo o de la reducción de la jornada.

– El nivel asistencial, que aparece como complementario del anterior y que consta de un subsidio por desempleo y del abono a la Seguridad Social de las cotizaciones correspondientes a las prestaciones de asistencia sanitaria, prestaciones familiares y, en su caso, jubilación.

En ambos casos dichas prestaciones económicas se completan con otras medidas de formación, orientación e inserción laboral.

2. Modalidad contributiva

2.1. Requisitos

Los requisitos de acceso a la prestación en la modalidad contributiva se estructuran en 8 art. 268 LGSS:

– Ser uno de los sujetos incluidos en el campo de aplicación.

– Afiliación y alta en el momento de la contingencia.

– Situación legal de desempleo

– Período mínimo de carencia.

– Solicitud de la prestación en los 15 días siguientes al momento de producirse la contingencia. En caso contrario, se tendrá derecho al reconocimiento de la prestación a partir de la fecha de la solicitud, perdiendo tantos días de prestación como medien entre la fecha en que hubiera tenido lugar el nacimiento del derecho de haberse solicitado en tiempo y forma y aquella en que efectivamente se hubiese formulado la solicitud.

2.2. Beneficiarios

Son posibles beneficiarios de la prestación por desempleo en el nivel contributivo:

- Los trabajadores por cuenta ajena integrados en el Régimen General, afiliados y en situación de alta o asimilada al alta, que tenga cubierto un periodo mínimo de cotización por desempleo de 360 días dentro de los 6 años anteriores a la situación legal de desempleo o al momento en el que cesó la obligación de cotizar (el incumplimiento por el empresario de sus obligaciones de afiliación, alta y cotización no impide que el trabajador acceda a la prestación, de acuerdo con el art. 281 LGSS). Se incluyen los trabajadores con contrato para la formación, aunque no los empleados de hogar.

- En cuanto a los trabajadores fijos discontinuos, el art. 267.4 LGSS establece que se encontrarán en situación legal de desempleo de acuerdo con lo que se disponga en desarrollo de esta norma en los periodos de inactividad productiva. Actualmente se protegen tanto las vicisitudes dentro de la campaña, como cuando dejen de prestar servicios por haber finalizado o haberse interrumpido la actividad intermitente o de temporada. Comprende el no llamamiento, la finalización del contrato o la interrupción.

- Socios trabajadores de cooperativas de trabajo asociado cuando opten por el régimen general, si bien con una protección especial. Están excluidos los administradores de las empresas que revistan la forma de sociedad capitalista, aun cuando no posean el control efectivo de la sociedad. No obstante, cuando se trate de socios trabajadores de las sociedades laborales que a la vez lleven a cabo funciones de gerencia y administración tras la ley 50/1998 (disp. ad. 27.ª LGSS) se le reconoce el derecho a la prestación, siempre que se trate de empresas de hasta 25 trabajadores.

También está excluido el hijo menor de 30 años o mayor con especiales dificultades de inserción contratado por un autónomo con el que conviva contratado como asalariado.

2.3. Situación legal de desempleo

La pérdida o cese temporal en el empleo previo o reducción de jornada no ha de ser voluntaria ni imputable al trabajador. El art. 266 c) de la LGSS exige que el trabajador se encuentre en situación legal de desempleo, acreditar disponibilidad para buscar activamente empleo y para aceptar colocación adecuada, a través de la suscripción del compromiso de actividad a que se refiere el art. 299 de la LGSS.

La extinción o suspensión de la relación laboral o administrativa, así como la reducción de la jornada, para que sea considerada situación legal de desempleo, habrá de derivar de alguna de las causas que se relacionan a continuación. También se recogen algunas situaciones que sin extinguir ni suspender una relación laboral tienen esa consideración. (Art. 267 LGSS).

2.3.1. Extinción de la relación laboral

– Despido colectivo adoptado por decisión del empresario al amparo de lo establecido en el art. 51 del Estatuto de los trabajadores o de resolución judicial adoptada en el seno de un procedimiento concursal.

– Por muerte, jubilación o incapacidad del empresario individual, cuando determinen la extinción del contrato de trabajo.

– Por despido y por la extinción del contrato por motivos inherentes a la persona trabajadora regulada en la disposición adicional tercera de la Ley 32/2006, de 18 de octubre, reguladora de la subcontratación en el Sector de la Construcción.

– Despido.

- Extinción por causas objetivas.
- Extinción por cese en el período de prueba a instancia del empresario.
- Terminación del contrato por expiración del tiempo convenido o realización de la obra o servicio objeto del contrato, siempre que dichas causas no hayan actuado por denuncia del trabajador.
- Resolución voluntaria del trabajador en los supuestos previstos en los artículos 40, 41.3, 49.1.m) y 50 del ET.

2.3.2. Suspensión de la relación laboral

- Cuando se suspenda temporalmente su relación laboral, por decisión del empresario, al amparo de lo establecido en el art. 47 del Estatuto de los trabajadores, o en virtud de resolución judicial adoptada en el seno de un procedimiento concursal.
- Por decisión de las trabajadoras víctimas de violencia de género o de violencia sexual al amparo de lo dispuesto en el artículo 45.1.n) del Texto Refundido de la Ley del Estatuto de los Trabajadores.
- Cuando se reduzca temporalmente la jornada ordinaria diaria de trabajo, por decisión del empresario al amparo de lo establecido en el artículo 47 ET o en virtud de resolución judicial adoptada en el seno de un procedimiento concursal, en ambos casos en los términos del artículo 262.3 de esta ley.
- Durante los períodos de inactividad productiva de los trabajadores fijos-discontinuos.
- Cuando los trabajadores retornen a España por extinguírseles la relación laboral en el país extranjero, siempre que no obtengan prestación por desempleo en dicho país y acrediten cotización suficiente antes de salir de España.
- Cuando, en los supuestos previstos en los párrafos e) y f) del artículo 264.1 se produzca el cese involuntario

y con carácter definitivo en los correspondientes cargos o cuando, aun manteniendo el cargo, se pierda con carácter involuntario y definitivo la dedicación exclusiva o parcial.

2.3.3. Otras situaciones legales de desempleo

- El retorno a España de los trabajadores a los que se les extinga la relación laboral en el extranjero.

- La liberación de prisión por cumplimiento de condena o libertad condicional.

- Los trabajadores fijos discontinuos en los períodos de inactividad productiva, incluido los que realicen trabajos fijos y periódicos que se repiten en fechas ciertas, de acuerdo con lo que se disponga reglamentariamente.

- El cese involuntario y definitivo en el ejercicio de un cargo, o la pérdida involuntaria y definitiva de la dedicación exclusiva o parcial y de la retribución, aunque se mantenga el desempeño del cargo, como miembros de corporaciones locales y de Juntas Generales de los Territorios Históricos Forales, Cabildos Insulares Canarios y Consejos Insulares Baleares, así como cargos representativos de los sindicatos y de altos cargos de las Administraciones Públicas.

- Finalización o resolución involuntaria del compromiso con las Fuerzas Armadas de militares de tropa y marinería que mantienen una relación temporal.

No se considerará en situación legal de desempleo a los trabajadores que se encuentren en alguno de los siguientes supuestos:

- Cuando cesen voluntariamente en el trabajo, salvo lo previsto en el apartado 1.a) 5.º.

- Cuando, aun encontrándose en alguna de las situaciones previstas en el apartado 1, no acrediten su disponibilidad para buscar activamente empleo y para aceptar colocación adecuada, a través del acuerdo de actividad.

– Cuando, declarado improcedente o nulo el despido por sentencia firme y comunicada por el empleador la fecha de reincorporación al trabajo, no se ejerza tal derecho por parte del trabajador o no se hiciere uso, en su caso, de las acciones previstas en el artículo 279 de la Ley 36/2011, de 10 de octubre, reguladora de la jurisdicción social.

– Cuando no hayan solicitado el reingreso al puesto de trabajo en los casos y plazos establecidos en la legislación vigente.

– Suspensión de la relación societaria de socios de cooperativas constatada por la autoridad laboral.

– Suspensión del contrato por decisión de la trabajadora que se vea obligada a abandonar su puesto de trabajo como consecuencia de ser víctima de violencia de género.

2.4. Duración

La duración de la prestación está en función de los períodos de ocupación cotizada por desempleo en los seis años anteriores a la situación legal de desempleo o al momento en que cesó la obligación de cotizar, o, en su caso, desde el nacimiento del derecho a la prestación por desempleo anterior, con arreglo a la siguiente escala:

Período de ocupación cotizada en los 6 últimos años	Duración de la prestación
Desde 360 hasta 539 días	120 días
Desde 540 hasta 719 días	180 días
Desde 720 hasta 899 días	240 días
Desde 900 hasta 1.079 días	300 días
Desde 1.080 hasta 1.259 días	360 días
Desde 1.260 hasta 1.439 días	420 días
Desde 1.440 hasta 1.619 días	480 días

Período de ocupación cotizada en los 6 últimos años	Duración de la prestación
Desde 1.620 hasta 1.799 días	540 días
Desde 1.800 hasta 1.979 días	600 días
Desde 1.980 hasta 2.159 días	660 días
Desde 2.160 días	720 días

Fuente: elaboración propia a partir del art. 269 LGSS.

2.5. Cuantía

Está en función de la base reguladora de la prestación por desempleo que tenga el trabajador. La base reguladora será el promedio de las Bases de Accidentes de Trabajo y Enfermedades Profesionales, excluida la retribución por horas extraordinarias, por las que se haya cotizado durante los últimos 180 días precedentes a la situación legal de desempleo o al momento en que cesó la obligación de cotizar (se calcula una BR diaria)

El importe a percibir será:

- Durante los 180 primeros días, el 70 por 100 de la base reguladora.

- A partir del día 181, el 60 por 100 de la base reguladora.

Los importes así calculados no podrán ser superiores al tope máximo ni inferiores al tope mínimo establecidos según lo siguiente:

- Topes:

  » Mínimo:

    ▪ Sin hijos: 80 % del Identificador Público de Rentas de Efectos Múltiples (IPREM) mensual vigente en el momento del nacimiento del derecho, incrementado en una sexta parte.

- Con hijos: 107 % del IPREM mensual vigente en el momento del nacimiento del derecho, incrementado en una sexta parte.

» Máximo:

- Sin hijos: 175 % del IPREM mensual vigente en el momento del nacimiento del derecho, incrementado en una sexta parte.

- Con un hijo: 200 % del IPREM mensual vigente en el momento del nacimiento del derecho, incrementado en una sexta parte.

- Con dos hijos o más: 225 % del IPREM mensual vigente en el momento del nacimiento del derecho, incrementado en una sexta parte.

2.6. Suspensión de la prestación

La suspensión del derecho supone la interrupción del abono de prestaciones y de las cotizaciones a la Seguridad Social y no afectará al período de su percepción. Las causas que lo motivan son (art. 271 LGSS):

– Traslado al extranjero:

» Hasta 30 días naturales por una sola vez, no es considerado desplazamiento a efectos de la suspensión de la prestación.

» Superior a 30 días:

- Traslado de residencia por un tiempo continuado para la búsqueda o realización de un trabajo, perfeccionamiento profesional o cooperación internacional: suspensión hasta un plazo inferior a doce meses. Siempre que la salida haya sido comunicada y autorizada por el Servicio Público de Empleo.

- Si otro motivo: hasta 90 días, continuados o no, por año natural. Siempre que la salida haya sido comunicada y autorizada por el Servicio Público de Empleo.

- Cumplimiento de condena que implique privación de libertad, salvo que se solicite su continuidad y se acredite la existencia de cargas familiares, con una renta por unidad familiar que, dividida entre el número de miembros que la componen, no exceda del salario mínimo interprofesional.

- Realización de un trabajo por cuenta ajena, a tiempo completo o parcial, de duración inferior a doce meses, o de un trabajo por cuenta propia de duración inferior a veinticuatro meses (en el caso del trabajo por cuenta propia esta duración es de sesenta meses).

- Por imposición de sanción por infracción leve y grave en los términos establecidos por la Ley (en este caso el período de percepción de la prestación sí se ve reducido por tiempo igual al de la sanción impuesta).

- Durante la situación de nacimiento, adopción, guarda con fines de adopción o acogimiento.

- Mientras el trabajador preste servicios o no los preste por voluntad del empresario, durante la tramitación del recurso contra la sentencia que declara el despido improcedente, habiéndose optado por la readmisión, o contra la sentencia que declare la nulidad del despido, o de la decisión extintiva de la relación de trabajo.

- Cuando los beneficiarios de las prestaciones por desempleo incumplan la obligación de presentar, en los plazos establecidos, los documentos que les sean requeridos por la entidad gestora.

- Durante los períodos en los que los beneficiarios no figuren inscritos como demandantes de empleo, salvo que se encuentren trabajando por cuenta ajena a jornada completa y compatibilizando la prestación o el subsidio como complemento de apoyo al empleo.

- Durante los periodos en los que, de acuerdo con la comunicación del Servicio Público de Empleo competente, se incumpla o suspenda el acuerdo de actividad.

– Incumplimiento de la obligación de presentar anualmente la declaración correspondiente al Impuesto sobre la Renta de las Personas Físicas.

– Cuando los trabajadores fijos-discontinuos que sean llamados a reiniciar su actividad no se reincorporen a su puesto de trabajo, salvo causa justificada

El derecho a la reanudación nacerá a partir del término de la causa de suspensión, siempre que se solicite en el plazo de los quince días siguientes (el único supuesto en el que se produce de oficio es cuando la causa de la suspensión ha sido una sanción). Además, la reanudación requiere la inscripción como demandante de empleo y la reactivación del acuerdo de actividad, salvo en aquellos casos en los que la entidad gestora exija la suscripción de un nuevo acuerdo. Si la solicitud se presenta transcurrido dicho plazo, se producen los efectos previstos en el artículo 268.2. LGSS.

2.7. Extinción de la prestación

El derecho a la prestación por desempleo se extingue por las causas siguientes (art. 272):

– Agotamiento del período de duración de la prestación.

– Traslado de residencia o estancia al extranjero del trabajador, salvo en los casos de suspensión.

– Fallecimiento del beneficiario.

– Que el beneficiario pase a ser perceptor de una pensión por jubilación o incapacidad permanente (total, absoluta o gran invalidez), pudiendo en caso de incapacidad permanente optar entre una u otra prestación.

– Realización de trabajos por cuenta ajena, de duración igual o superior a doce meses, o realización de un trabajo por cuenta propia, por tiempo igual o superior a sesenta meses.

- Cumplimiento, por parte del titular del derecho, de la edad ordinaria exigida en cada caso para causar derecho a la pensión contributiva de jubilación.

- Pasar a ser pensionista de jubilación, o de incapacidad permanente en los grados de incapacidad permanente total, incapacidad permanente absoluta o gran invalidez. No obstante, en estos casos, el beneficiario podrá optar por la prestación más favorable.

- Renuncia voluntaria al derecho.

- Transcurso del plazo de seis años desde la fecha de baja de la prestación sin haber reanudado el derecho.

- Imposición de sanción de extinción por cuarta reincidencia en una infracción leve, habiéndose cometido la anterior infracción en los doce meses anteriores.

- Imposición de sanción de extinción por reincidencia por tercera vez en alguna de las siguientes infracciones graves, habiéndose cometido la anterior en los doce meses anteriores:

  » Rechazo de oferta de empleo adecuada.

  » Negativa a participar en trabajos de colaboración social, programas de empleo o en acciones de promoción, formación y reconversión profesionales.

- Imposición de sanción de extinción por infracción grave de no comunicar la baja en situaciones de suspensión o extinción del derecho, o se dejen de reunir los requisitos para su percepción, cuando por dicha causa se haya percibido indebidamente la prestación.

- Imposición de sanción de extinción de la prestación por infracción muy grave:

  » Obtener fraudulentamente prestaciones indebidas o superiores a las que les corresponden.

  » La connivencia con el empresario para la obtención indebida de las prestaciones por desempleo.

  » Compatibilizar el percibo de la prestación con el trabajo por cuenta propia o ajena, salvo en caso de trabajo a tiempo parcial.

» La no aplicación, o la desviación en la aplicación de las ayudas, en general, de fomento del empleo percibidas por los trabajadores.

Cuando el derecho a la prestación se extinga por realizar un trabajo por cuenta ajena de duración igual o superior a doce meses y se reconozca una nueva prestación por desempleo sin haber agotado la prestación anterior, el trabajador podrá optar, por escrito y en el plazo de diez días desde el reconocimiento de la prestación, entre reabrir el derecho inicial por el período que le restaba y las bases, porcentaje y topes que le correspondían o percibir la prestación generada por las nuevas cotizaciones efectuadas.

Si el trabajador opta por la prestación anterior, las cotizaciones que generaron la nueva prestación por la que no ha optado no podrán computarse para el reconocimiento de un derecho posterior.

3. Subsidio por desempleo asistencial

Se trata de un subsidio, regulado en los arts. 274-280 LGSS, que consta de una prestación económica y del abono de las cotizaciones correspondientes a las prestaciones de protección a la familia y jubilación.

La duración, cuantía y cotización depende de la modalidad de subsidio a la que se acceda.

3.1. Beneficiarios

Pueden ser beneficiarios los desempleados que se encuentren en alguna de las siguientes situaciones:

– Haber agotado la prestación por desempleo. En caso de ser menor de cuarenta y cinco años sin responsabilidades familiares se exigirá, además, que la prestación por desempleo agotada haya tenido una duración igual o superior a trescientos sesenta días.

- Encontrarse en situación legal de desempleo sin tener cubierto el periodo mínimo de cotización para tener derecho a la prestación contributiva, siempre que hayan cotizado al menos noventa días.

- Los trabajadores mayores de cincuenta y dos años que cumplan los requisitos establecidos en el artículo 280.

- Los menores de 45 años han de acreditar la existencia de cargas familiares.

Todo lo anterior, siempre y cuando en la fecha de la solicitud no tengan derecho a la prestación contributiva por desempleo y, además, no se encuentren en un supuesto de incompatibilidad, carezcan de rentas propias, o alternativamente, acrediten responsabilidades familiares.

En todos los casos, el reconocimiento del derecho al subsidio exigirá la inscripción como demandante de empleo, así como la suscripción del acuerdo de actividad regulado en el artículo 3 de la Ley 3/2023, de 28 de febrero, de empleo, teniendo en cuenta que pueden acceder a estos subsidios quienes mantengan uno o varios contratos a tiempo parcial, siempre que la suma de las jornadas trabajadas en dichos contratos sea inferior a una jornada completa y cumplan el resto de los requisitos.

3.2. Conceptos comunes: carencia de rentas y responsabilidades familiares

Como se ha dicho, algunos de los elementos que configuran estos subsidios son la carencia de rentas y responsabilidades familiares. Así, es importante hacer referencia a la definición que la propia norma hace de estos conceptos (art. 275 LGSS).

Referido a la carencia de rentas propias, el requisito se entiende cumplido cuando durante el mes natural anterior las rentas obtenidas (de cualquier naturaleza) no superen el 75 por ciento del salario mínimo interprofesional, excluida la parte proporcional de dos pagas extraordinarias.

Respecto del requisito de responsabilidades familiares, se entiende cumplido cuando la suma de las rentas obtenidas durante el mes natural anterior a dichas fechas por el conjunto de la unidad familiar, incluida la persona solicitante o beneficiaria, dividida entre el número de miembros que la componen, no supere el 75 por ciento del salario mínimo interprofesional, excluida la parte proporcional de dos pagas extraordinarias.

Asimismo, se entenderá por unidad familiar la compuesta por la persona solicitante o beneficiaria, su cónyuge o pareja de hecho y los hijos e hijas menores de veintiséis años, o mayores con discapacidad, o menores acogidos y acogidas o en guarda con fines de adopción o acogimiento, que convivan o dependan económicamente de la persona solicitante o beneficiaria

3.3. Modalidades

3.3.1. Subsidio de desempleo por agotamiento de la prestación contributiva

Se trata de un subsidio al que se puede acceder una vez agotada la prestación contributiva si se cumple con los siguientes requisitos:

- Estar en situación de desempleo total o trabajando a tiempo parcial, siempre que la suma de las jornadas trabajadas sea inferior a una jornada completa.

- La suscripción del acuerdo de actividad.

- No tener derecho a la prestación contributiva por desempleo.

- No encontrarse en algún supuesto de incompatibilidad.

- Si con posterioridad a la fecha del hecho causante del subsidio, se ha trabajado por cuenta propia o ajena, haber cesado en el último trabajo de forma involuntaria o con situación legal de desempleo, respectivamente.

- Estar inscrito o inscrita como demandante de empleo en el momento de la resolución de la solicitud.

- Suscripción de declaración responsable sobre las rentas e ingresos obtenidos durante el mes natural anterior tanto por sí mismo como por como por el resto de los miembros de la unidad familiar.

- Carecer de rentas propias, o bien, alternativamente, acreditar responsabilidades familiares. Aunque si se es menor de 45 años en la fecha del agotamiento de la prestación contributiva de duración inferior a 360 días, se ha de cumplir necesariamente con el requisito de tener responsabilidades familiares.

Estos requisitos deben cumplirse en la fecha de la solicitud del subsidio, así como en la fecha de la solicitud de sus prórrogas o reanudaciones. Aunque si en el mes natural anterior a esta fecha de solicitud no se cumple con ninguno de los dos requisitos, se dispone de un plazo de seis meses desde la fecha del hecho causante (agotamiento de la prestación contributiva) para acreditar el cumplimento de ellos. A excepción del supuesto ya indicado de los menores de 45 años, que han de cumplir con el relativo a las cargas familiares.

La duración máxima del subsidio se determinará en función de:

- La edad en la fecha del agotamiento de la prestación por desempleo.

- La acreditación de responsabilidades familiares.

- La duración de la prestación por desempleo agotada con arreglo a la siguiente tabla:

Acreditación responsabilidades familiares	Edad en la fecha de agotamiento de la prestación	Duración de la prestación por desempleo agotada	Duración máxima del subsidio
No	<45	>= 360 días	6 meses
	>45	>= 120 días	
Sí	Indiferente	= 120 días	24 meses
Sí	Indiferente	>=180 días	30 meses

Fuente: elaboración propia a partir del art. 277 LGSS.

Aunque ha de tenerse en cuenta que, si se accede al subsidio sin acreditar responsabilidades familiares, se puede hacer posteriormente, siempre que dicha acreditación y la solicitud de ampliación del subsidio tenga lugar dentro del plazo de los doce meses siguientes a la fecha del hecho causante del subsidio. En este caso, la duración máxima del subsidio que se reconoció inicialmente se ve incrementada hasta la que corresponda en función de la duración de la prestación contributiva que se haya agotado.

En todos los casos el subsidio se reconoce por periodos trimestrales, prorrogables hasta agotar la duración máxima.

En cuanto a la cuantía, su importe queda supeditado al indicador público de rentas de efectos múltiples (IPREM) mensual vigente en cada momento, según lo siguiente:

- El 95 por ciento durante los ciento ochenta primeros días.

- El 90 por ciento desde el día ciento ochenta y uno al día trescientos sesenta.

- El 80 por ciento a partir del día trescientos sesenta y uno.

3.3.2. Subsidio de cotizaciones insuficientes

Las personas beneficiarias de esta modalidad de subsidio son aquellas desempleadas que se encuentren en situación legal de desempleo sin tener cubierto al menos 360 días cotizados para tener derecho a la prestación contributiva, siempre que hayan cotizado al menos 90 días.

En el caso de que en los seis meses anteriores a la solicitud se acrediten varias situaciones legales de desempleo, a efectos de determinar el período de ocupación cotizada para el reconocimiento de este subsidio, se tienen en cuenta todas las cotizaciones que no hayan sido computadas para el reconocimiento de una prestación contributiva anterior u otro subsidio.

Los requisitos exigidos a la fecha de la solicitud, además de los ya señalados para la modalidad anterior, son:

- Estar en desempleo total, o trabajando a tiempo parcial, siempre que la suma de las jornadas trabajadas sea inferior a una jornada completa.

- Haber trabajado al menos 90 días.

- Presentar la solicitud del subsidio dentro del plazo de los seis meses siguientes a la fecha del hecho causante, pues, si no se realiza en este plazo, se denegará.

- Si se ha accedido al subsidio acreditando seis o más meses cotizados sin responsabilidades familiares, se puede solicitar su ampliación si se acredita que se tienen en el improrrogable plazo de los doce meses siguientes a la fecha de la situación legal de desempleo, en cuyo caso, se ampliará la duración del derecho hasta 21 meses, con independencia de que el primer derecho reconocido ya estuviera agotado.

La duración máxima del subsidio por desempleo se determina en función de:

- El periodo de ocupación cotizado.

- La acreditación de responsabilidades familiares

Periodo mínimo de ocupación cotizada	Acreditación de responsabilidades familiares	Duración máxima del subsidio
90 días	No	3 meses
120 días	No	4 meses
150 días	No	5 meses
180 días	Sí	21 meses

Fuente: elaboración propia a partir del art. 277 LGSS.

En cuanto a la cuantía, cabe indicar que se aplican las mismas reglas ya descritas para la modalidad de subsidio anterior.

3.3.3. Subsidio para personas emigrantes retornadas

Los requisitos de este subsidio son:

– Ser español retornado a España para fijar la residencia de forma permanente.

– Acreditar la condición de emigrante retornado mediante el Certificado de Emigrante retornado expedido por el Área o Dependencia de Trabajo e Inmigración de la Delegación o Subdelegación del Gobierno de la provincia correspondiente al domicilio en el que has fijado tu residencia en España.

– Estar en desempleo.

No obstante, también se puede acceder si tras el retorno a España se inicia en España una o varias relaciones laborales a tiempo parcial, siempre que la suma de las jornadas trabajadas sea inferior a una jornada completa, y se cumpla con el resto de los requisitos, incluido el de carencia de rentas. En este caso, de la cuantía del subsidio se deducirá la parte proporcional al tiempo trabajado.

Además, también se puede acceder si se solicita dentro del plazo de seis meses desde el retorno a España, aunque, tras dicho retorno se haya trabajado por cuenta ajena durante tres o más meses, siempre que se cumpla con los requisitos previstos para acceder al subsidio por cotizaciones insuficientes. En este caso, para acceder a cualquiera de los subsidios, es necesario haber cesado en último lugar con situación legal de desempleo.

- No haber obtenido prestaciones por desempleo en el país en el que has trabajado.

- No tener derecho a la prestación por desempleo de nivel contributivo en España.

- Estar inscrito o inscrita como demandante de empleo y haber suscrito el acuerdo de actividad.

- Haber retornado de países no pertenecientes al Espacio Económico Europeo o con los que no exista convenio sobre protección por desempleo y haber trabajado en alguno de estos países como mínimo doce meses en los últimos seis años desde la última salida de España, o desde la fecha de adquisición de la nacionalidad española, en el caso de hijos o nietos de emigrantes españoles que vayan a fijar su residencia en España por primera vez.

- Declaración responsable sobre rentas e ingresos obtenidos durante el mes natural anterior.

- Carecer de rentas propias en el momento de la solicitud del alta inicial (de cualquier naturaleza) superiores al 75 por ciento del SMI (referido al mes natural anterior), siendo irrelevante si se cumple o no el requisito de tener responsabilidades familiares.

- Si se ha trabajado por cuenta ajena este subsidio será incompatible con dicho trabajo desde el 1 de noviembre de 2024 hasta el 31 de mayo de 2025, excepto si el trabajo es a tiempo parcial y se ha reconocido la compatibilidad por cumplir todos los requisitos exigidos para ello, en cuyo caso se deducirá de su importe la parte proporcional al tiempo trabajado. Esta deducción se efectuará además de cuando se acceda al subsidio manteniendo un contrato a tiempo parcial, cuando se esté percibiendo el subsidio y se obtenga un trabajo a tiempo parcial. A partir del 1 de junio de 2025 se aplicará el régimen de compatibilidad como complemento de apoyo al empleo al subsidio para emigrantes retornados.

La duración será de 18 meses si se mantienen los requisitos. Esto, teniendo en cuenta que el subsidio se reconoce por periodos trimestrales, prorrogables hasta agotar la duración máxima por cada período de tres meses.

La cuantía, nuevamente vuelve a coincidir con la prevista para las otras modalidades de subsidio.

3.3.4. Subsidio para personas de 52 o más edad

Se trata de un subsidio al que se puede acceder si se tienen 52 o más años y se ha agotado la prestación o subsidio por desempleo, siempre que además se cumpla con los siguientes requisitos:

- Encontrarte en una de las dos situaciones siguientes:
  » Haber agotado el día 1 de noviembre de 2024 o con posterioridad, una prestación contributiva por desempleo, en este caso, se elimina la exigencia de permanecer inscrito o inscrita como demandante de empleo durante el plazo de un mes, por lo que la fecha del hecho causante es la del agotamiento de la prestación contributiva.

  » Acreditar situación legal de desempleo el día 1 de noviembre de 2024 o con posterioridad, habiendo cotizado al menos noventa días.

- Estar en desempleo total o trabajando a tiempo parcial.

- En la fecha del reconocimiento del derecho, estar inscrito como demandante de empleo y haber suscrito el acuerdo de actividad.

– Acreditar que, en la fecha del hecho causante correspondiente (agotamiento de la prestación contributiva o situación legal de desempleo) se cumplen las siguientes condiciones:

» Cumplir todos los requisitos, salvo la edad, para acceder a cualquier tipo de pensión contributiva de jubilación en el sistema de la Seguridad Social. También si se reúnen todos los requisitos excepto tener 52 años cumplidos cuando se agotó la prestación contributiva o se acreditó la situación legal de desempleo y al menos 90 días de cotización. En este caso, se puede solicitar el acceso a este subsidio a partir de la fecha en que se cumpla dicha edad, siempre que en la fecha de la presentación de la solicitud se cumpla con el requisito de carencia de rentas, y se haya permanecido inscrito ininterrumpidamente como demandante de empleo en los servicios públicos de empleo desde la fecha del agotamiento de la prestación contributiva o de la situación legal de desempleo, hasta la fecha de la solicitud del subsidio.

» Haber cotizado efectivamente en España por la contingencia de desempleo durante, al menos, seis años a lo largo de tu vida laboral.

– Acreditar, en la fecha de presentación de la solicitud, que se cumple con el requisito de carencia de rentas propias. El cumplimiento de este requisito deberá mantenerse durante todo el tiempo de percepción del subsidio.

– Igualmente, puede solicitarse si se reúnen todos los requisitos indicados anteriormente, y se cumplen los 52 años durante la percepción de los siguientes subsidios:

» Agotamiento de la prestación contributiva.

» Cotización insuficiente para la prestación contributiva.

» Emigrante retornado.

» Víctima de violencia de género, sexual o la ejercida por padres o hijos.

– Si se ha percibido o agotado la Renta Activa de Inserción, la prestación por cese de actividad o el subsidio extraordinario por desempleo, no se puede acceder al subsidio de mayor de 52 años.

– También se puede solicitar si se cumplen todos los requisitos en la fecha en la que se tenga derecho a reanudar cualquier subsidio, en este supuesto se considera como fecha del hecho causante la de la reanudación del subsidio.

3.3.5. Subsidio para personas víctimas de violencia de género o sexual

Si se es una persona víctima de violencia de género, sexual o la ejercida por padres o hijos se puede acceder a otra modalidad de subsidio por desempleo si se cumplen con los siguientes exigidos.

Lo anterior, teniendo en cuenta que se consideran víctimas de violencia de género a las mujeres sobre las que se ejerce violencia por parte de quienes sean o hayan sido sus cónyuges o de quienes estén o hayan estado ligados a ellas por relaciones similares de afectividad, aun sin convivencia, como consecuencia de la discriminación, la situación de desigualdad y las relaciones de poder de los hombres sobre las mujeres.

Asimismo, las mujeres cuando por parte de las personas indicadas en el apartado anterior, aun sin convivencia, y con el fin de causarles perjuicio o daño, ejerzan violencia sobre sus familiares o allegados menores de edad.

En cuanto a la consideración de víctima de violencia sexual, es la persona que ha sufrido cualquier acto de naturaleza sexual no consentido o que condicione el libre desarrollo de su vida sexual en cualquier ámbito público o privado, incluyendo el ámbito digital, que comprende la difusión de actos de violencia sexual, la pornografía no consentida y la infantil en todo caso, y la extorsión sexual a través de medios tecnológicos.

Se incluyen como víctimas las mujeres, adolescentes, niñas y niños que hayan sido víctimas de violencias sexuales en España, con independencia de su nacionalidad, o que hayan sido víctimas de violencias sexuales en el extranjero, siempre que sean de nacionalidad española.

Lo anterior, teniendo en cuenta que se consideran violencias sexuales:

- Los delitos contra la libertad sexual.

- Agresiones y acoso sexual, exhibicionismo, provocación sexual, prostitución y a la explotación sexual y corrupción de menores.

- La mutilación genital femenina.

- El matrimonio forzado.

- El acoso con connotación sexual. La trata con fines de explotación sexual.

En cuanto a los requisitos para acceder a estos subsidios, son requisitos comunes:

- Estar totalmente desempleado o desempleada, o trabajando a tiempo parcial.

- Presentar la solicitud del subsidio dentro del plazo de los seis meses siguientes a la fecha del hecho causante, que, en este caso, es aquella en que se emita por la Administración competente el correspondiente informe que acredite que se es víctima de violencia de género o sexual, aquella en que se emita el informe del Ministerio Fiscal, o la de la fecha en la que te notifican la correspondiente sentencia o resolución judicial.

- No tener derecho a la prestación por desempleo de nivel contributivo.

- No haber sido persona beneficiaria de tres derechos al programa de renta activa de inserción (RAI), como víctima de violencia de género o sexual, aunque no se hubieran disfrutado completamente por el periodo de duración máxima de la RAI. Sí se podrá acceder si se ha sido beneficiaria de tres programas RAI para víctimas de violencia de género o sexual regulados en el Real Decreto 1369/2006, siempre que, desde la fecha del nacimiento del primero de los derechos hasta la de la solicitud del subsidio hayan transcurrido tres o más años. También se tiene derecho si se ha sido persona beneficiaria de la RAI regulada en normas anteriores al Real Decreto 1369/2006.

- Las personas que hayan agotado la duración máxima del subsidio que en cada caso corresponda por ser víctimas de violencia de género o sexual, podrán acceder de nuevo al mismo si lo solicitan, acreditando cumplir los requisitos exigidos, una vez transcurridos tres o más años desde el nacimiento del primer derecho a la renta activa de inserción como víctima de violencia de género o sexual o desde el nacimiento del derecho del subsidio regulado en esta disposición, en caso de no haber percibido previamente la renta activa de inserción como víctima de violencia de género o sexual.

- Estar inscrita como demandante de empleo.

- Haber suscrito el acuerdo de actividad.

- Carecer de rentas propias, y si se tiene cónyuge, pareja de hecho y/o hijos menores de veintiséis años, mayores con discapacidad, o menores acogidos o en guarda con fines de adopción o acogimiento, se debe cumplir necesariamente el requisito de tener responsabilidades familiares. Se exige que este requisito se cumpla en la fecha de la solicitud del subsidio, así como en las fechas de la solicitud de sus prórrogas y reanudaciones.